*Indiens chanteurs
de la
Sierra Madre*

Du même auteur :

Musique et fêtes au Haut-Atlas
Mouton-Ehess / Société française de Musicologie, 1980

La saison des fêtes dans une vallée du Haut-Atlas
(en collaboration avec H. Jouad). Éditions du Seuil, 1978

L'improvisation dans les musiques de tradition orale
(ouvrage collectif), Selaf, 1987

Jeu musical, jeu social,
une approche ethnomusicologique de l'aire méditerranéenne
Thèse d'État, Université de Paris X-Nanterre, 1987

Chroniques sardes
Julliard, 1990

L'ordre intime des choses
Julliard, 1991

Musiques en fête
Société d'Ethnologie / Paris X (sous presse)

BERNARD LORTAT-JACOB

Indiens chanteurs
de la Sierra Madre

L'oreille de l'ethnologue

COLLECTION SAVOIR : LETTRES

HERMANN ÉDITEURS DES SCIENCES ET DES ARTS

ISBN 2 7056 6242 1

© 1994, Hermann, éditeurs de sciences et des arts. 293, rue Lecourbe, 75015 Paris.

Toute reproduction ou représentation de cet ouvrage, intégrale ou partielle, serait illicite sans l'autorisation de l'éditeur et constituerait une contrefaçon.
Les cas strictement limités à usage privé ou de citation, sont régis par la loi du 11 mars 1957.

Table

Cambridge, début septembre 1968		1
Paris, fin septembre		3
Paris, 15 octobre		6
Ciudad Guatemala, 30 octobre		7
	Qalinext, 1ᵉʳ novembre	9
1.	Fragments d'histoire	13
	4 novembre	15
2.	L'usine de Qalinext	17
	11 novembre	18
3.	Le nom des choses	21
	18 novembre	23
4.	La culture ordonnée	27
	24 novembre	29
5.	Le camion du jeudi	37
	2 décembre	39
6.	La voix d'Alma	43
	7 décembre	47
7.	Le bistrot	49
	13 décembre	51
8.	Jurisprudence	55
	19 décembre	58
9.	Premiers mariages	61
	27 décembre	63
10.	Épicerie, églises et fêtes	67
	30 décembre	70
11.	Le moulin	75
	3 janvier	76
12.	La musique et ses usages	79
	11 janvier	81

13. Naissance musicale — 83
18 janvier — 84
14. Langages — 87
24 janvier — 89
15. La danse — 93
1er février — 94
16. Disputes de femmes — 99
8 février — 100
17. La mort de Sampras — 103
15 février — 106
18. Le chant de Bixad — 109
21 février — 111
19. La cour d'amour — 115
1er mars — 116
20. Carnaval — 119
8 mars — 122
21. Génies des pierres et de l'eau — 123
15 mars — 126
22. Musique et classes d'âge — 131
22 mars — 132
23. La petite mort du chaman — 135
27 mars — 137
24. Logiques musicales — 143
3 avril — 145

7 avril : Le paysage a changé — 149
13 avril : "Lorsque, par accident..." — 154
3 mai : La faute gringa — 158
17 mai : "Mais toi, tu partiras ?" me demande Pedro — 160
Paris, janvier 1994 — 164

Postface
Tous les Indiens du monde — 165
L'enquête ethnologique — 168

Cambridge, début septembre 1968.

"Musique minimale ? Hum !... Qu'entendez-vous par là ?"

Il me regarde par-dessus ses lunettes en demi-lune. Des demi-lunettes servant aux presbytes, qui trahissent les premières infirmités de l'âge et qu'ils hésitent toujours à porter.

"Oui, minimale, faite de trois ou quatre notes, comme celle des femmes berbères ou des Indiens d'Amérique. Cela me fascine ; j'ai le sentiment qu'en musique, tout peut être dit avec rien, ou presque."

Ma réponse ne le convainc pas : pour lui, les musiques ethniques ne sont pas fondamentalement pauvres. Il a longtemps séjourné en Afrique et ne jure que par ses polyphonies, ses batteries de tambour et tout le reste.

"De la plume, de la plume... du rituel, et des danses", insiste-t-il sur un ton nostalgique, pour évoquer une Afrique qu'il aurait été un des premiers à explorer...

Une phrase lapidaire signale que l'entretien touche à sa fin :

"Quoi qu'il en soit, je vois mal que vous fassiez une carrière sur trois notes de musique."

"Ma carrière, je m'en fiche (cette sincérité me surprend moi-même ; mais, de toutes façons, affirmer le contraire aurait été déplacé)... Une thèse est une thèse, et je ne crois pas que son intérêt se mesure au nombre de plumes et de rites. Non... j'ai un réel goût pour l'économie esthétique..."

"Faites votre thèse à Paris, au Musée de l'Homme ; ils ont beaucoup de choses là-bas", conclut-il en me reconduisant en voiture (son seul snobisme était d'avoir une voiture anglaise de grand luxe, neuve et toujours en panne...).

Paris, fin septembre.

Le Musée de l'Homme a ses experts, ses Samaritains et ses voyageurs. Les premiers demandent aux seconds de regarder avec moi ce qu'ont rapporté les troisièmes.

Consultation des fichiers. Les différents pays sont classés dans de lourds meubles en bois clair. Les fiches mentionnent les ethnies dont la musique a été enregistrée. Celles qui n'y figurent pas sont probablement les plus intéressantes.

Une fiche d'archives, elliptique et joliment manuscrite retient mon attention :

Fiche phonothèque : BM. 52.07.44. MTL

MUSÉE DE L'HOMME
DÉPARTEMENT DE LA MUSIQUE

ETHNIE : *Moutaléros*

COLLECTEUR : *Révérend Père Duchemin*

CONTENU : *Musique vocale (hommes et femmes)*

NOTE TECHNIQUE : *Enregistrements : Ampopson XL 3 à manivelle*

COMMENTAIRE : *Matériel inédit, tout à fait insolite*
(Ne ressemble en rien aux musiques méso-américaines des régions voisines)

○

(A.Sch.)

À la bibliothèque du Musée de l'Homme, coup d'œil aux belles cartes de l'Atlas du Time Magazine *et aux imposants volumes publiés chaque année par la Smithsonian Institution sur les Indiens d'Amérique : les Moutaléros n'y figurent pas.*

Recherche systématique. Je me plonge dans les Handbooks of Middle American Indians *publiés entre 1964 et 1968 : cinq volumes (peu maniables contrairement à ce que prétend le titre) édités par l'Université du Texas ; là aussi, curieusement, les Moutaléros manquent à l'appel.*

Selon le professeur Lehman qui me reçoit longuement au Musée et accepte de diriger ma thèse, il pourrait s'agir d'un sous-groupe Cakchiquel qui aurait émigré sur des terres voisines.
  "Pour ce qui est du Père Duchemin, cela m'étonnerait qu'il puisse vous renseigner, me dit-on... il est mort depuis longtemps. Par définition, sinon par nature, un Révérend Père n'a pas d'héritiers... Emportez donc une copie des enregistrements, vous verrez bien."

Le Révérend Père Duchemin dut vouer un culte aux Moutaléros pour avoir enregistré si minutieusement leur musique : la sélection est large et le répertoire peu varié. Une trentaine de chants plutôt monotones, sur fond de crépitements d'insectes et de murmures anonymes : je les écoute plusieurs fois, jusqu'à m'en fatiguer. On dirait un seul et même chant qui, répété de plusieurs façons, apporte un peu d'émotion et pas mal d'ennui.

Mais, limitée de la sorte, l'écoute est frustrante : séparée brutalement de son contexte visuel et olfactif, la musique ne livre que sa partie froide ; le magnétophone est décidément une invention barbare qui devrait à peine satisfaire les aveugles.

Le son, toutefois, étonne car il est légèrement tremblé et donne à la musique une étrange fragilité. J'ose espérer que cela ne provient pas d'une sorte de pleurage dû à la médiocrité de l'enregistrement...

Partirai-je sur l'enchantement d'un trémolo ?

Paris, 15 octobre.

Un pli de l'ambassade de France à Ciudad Guatemala précipite les choses : il annonce l'octroi d'une bourse d'un an pour mon projet sur la musique amérindienne (c'est un vieux projet ; je ne me rappelais plus l'avoir déposé !). Évidemment, maintenant qu'il s'agit de faire ses bagages, l'envie de partir est moins forte...

En post-scriptum, la lettre annonce un ordre de mission de l'Institut d'études amérindiennes. "Ordre de mission" : les mots le disent bien, c'est à la fois impératif et messianique... J'envoie mon accord par retour de courrier.

Ciudad Guatemala, 30 octobre.

"Misión, institución, colaboración, intervención..." Avec l'accent espagnol et l'accueil plutôt aimable du directeur de l'Institut, mon travail se précise : "Voyez-vous, cher ami, les gens qui vous intéressent sont des Montesierros ; c'est plutôt sous ce nom-là qu'on les connaît ici. Eux-mêmes se dénomment "Moutaléros", c'est-à-dire "hommes du ciel". Mais ce n'est pas leur nom scientifique et c'est pour cela qu'ils ont échappé à vos recherches bibliographiques. À ma connaissance, ils sont moins d'un millier à vivre dans la montagne et n'ont donné lieu à aucune étude ethno-musicale sérieuse... Votre travail sera donc utile ; soyez le bienvenu."

"La musique, c'est l'âme des peuples", dit encore le directeur...

Dernière "instrucción" : le directeur a la charge éditoriale d'une revue culturelle hebdomadaire. Il n'en est pas peu fier et me suggère de lui envoyer de courts articles sur mon travail au fur et à mesure qu'il avance.

"Cela me semble incompatible avec la recherche elle-même, lui dis-je. Les écrits au jour le jour ne peuvent être que des notes provisoires. Il vaudrait mieux attendre que ma thèse soit finie..."

Le Señor Director ne voit pas les choses comme moi. Il a besoin d'articles originaux pour lancer sa revue. Chaque article devra avoir la forme d'un récit avec un début et une fin. Le point de vue d'un Européen sur la culture indienne l'intéresse ; il est im-

portant de parler des Indiens ; la naïveté du regard, l'innocence et même l'erreur ne sont pas en soi des obstacles.

De toutes façons, il ne s'agit pas d'une revue scientifique et personne n'attend de moi des textes académiques (voilà qui m'arrange !). Tous les jeudis, un camion monte au pays moutaléro. Je pourrai confier mon papier au chauffeur ; il paraîtra la semaine suivante.

Un sourire appuyé m'invite à accepter.

"Cette "proposición" sera pour nous l'"ocasión" de rester en contact", conclut-il.

"Sans doute pour avoir un œil sur ce que je fais", me dis-je intérieurement... Je vois mal comment refuser et promets à contre-cœur.

Qalinext, 1*er* novembre.

Premiers jours à Qalinext où j'ai échoué (le mot n'est pas trop fort), après deux voyages successifs en camion. J'ai choisi de m'arrêter dans le plus gros village – le seul, à dire vrai, que la carte mentionne. J'appréhendais le premier contact ; il fut simple. Ébloui par la lumière de midi et perdu dans un espace trop vaste pour être embrassé du regard, je n'ai rien vu, rien observé, rien senti de précis.

À l'arrivée du camion, il y avait bien une centaine de personnes (sans doute tout le village), parmi lesquelles un certain Pedro, au large sourire, qui parlait assez bien l'espagnol. Il est venu vers moi, sans s'étonner de voir un gringo *débarquer dans la montagne. Il m'a conduit chez lui sans poser de questions et m'a présenté longuement sa nombreuse famille : sa femme, six ou sept enfants, une autre femme plus âgée, et deux hommes (frères ou beaux-frères, je ne sais plus). Fatigué par le voyage, j'ai éprouvé un certain plaisir à me sentir pris en charge. La nuit est tombée et je suis resté chez Pedro et les siens sans autres explications...*

Premiers jours de terrain, et premières nuits sans sommeil. De ces nuits qui laissent croire que le jour ne se lèvera jamais, agitées d'idées noires, sous l'assaut des puces et des moustiques (jamais je ne pourrai acquérir la technique des Moutaléros qui, dans l'obscurité, les claquent contre leur front ou leur cuisse, sans même se réveiller). À Paris, je pensais naïvement que les nuits sur le terrain, au moins, m'appartiendraient. Mais ces nuits n'en sont pas, à cause de l'agitation qui règne dans la maison. Je dors sur une petite couverture, dans la pièce commune qui, durant la journée est partagée en deux : côté femmes (cuisine et réserve à grains), côté hommes (où l'on boit et parle).

Mais la nuit, cette bipartition disparaît complètement : nous sommes alignés, et comme rangés perpendiculairement au mur. Les enfants, atteints de bronchite chronique, toussent sans arrêt ; chacun ronfle ou parle. En vérité, la nuit est aussi bruyante que le jour et je sens souvent plus de léthargie l'après-midi (même après les heures chaudes) que vers trois heures du matin, lorsque les hommes, les chiens et les poules se mettent de la partie.

Mais le pire est que, toutes les demi-heures environ, et sans raison apparente, les hommes quittent leur couche et enjambent les femmes étendues à leur côté. Ils font grincer la porte et sortent ; puis, après un moment, ils viennent se recoucher bruyamment.

"C'est à cause des voleurs", m'a expliqué Pedro à voix basse, alors que le jour n'était pas encore levé.

Voleurs de quoi ? Il n'est pas une chose de la maison qui ne soit dans la maison voisine et les bêtes sont gardées par des chiens que la nuit rend littéralement sauvages. J'apprends, d'ailleurs, qu'il n'y a jamais eu de vols dans la maison de Pedro, pas plus qu'aux alentours.

On me parle de vols qui n'existent pas, qui n'ont jamais existé, et l'on passe son temps à craindre des êtres absents.

Curieusement, ce genre d'anomalie me met du baume au cœur. Non que je me réjouisse de ce qui pourrait être une fragilité de comportement ou de pensée chez ceux que l'histoire semble avoir tragiquement oubliés, mais je me sens irrésistiblement attiré par les fêlures de l'âme et les cultures à contradictions.

Peut-être dois-je ce petit moment de bonheur au fait que, si loin des miens, dans la solitude qu'inspirent ces espaces sans mesure, je cherche déjà ma place. Il me la faudra trouver entre l'explicite auquel personne ne croit et l'implicite auquel chacun adhère. Sans doute ma vocation s'affirmera-t-elle lorsque je saurai poser mon regard. Mais il m'apparaît déjà que mon travail ne se limitera pas à prendre en notes ce que les Moutaléros disent, ni en photos ce qu'ils font. J'aurai affaire à leurs mensonges ; je devrai décrypter les faits et les dires pour comprendre comment ils ne fonctionnent jamais vraiment de pair...

En l'occurrence, je dois avoir une idée trop restrictive de ce que les Moutaléros appellent vol. Sans doute craignent-ils d'autres visites, pour des biens moins matériels. Ce doit être cela ; mais il me faudra sûrement un peu de temps pour en savoir plus.

Aujourd'hui, c'est jeudi. Voilà exactement une semaine que je suis ici. Je me hâte de rédiger mon papier pour le directeur de l'Institut. Le camion ne va pas tarder à arriver. J'en profite pour faire le point sur ce que j'ai appris au cours de cette première semaine.

Note sommaire sur la prononciation des mots :

La consonne **x**, qui peut être géminée, ressemble au ch français ou suisse, comme dans les mots "fichu", ou "chou".
   – le **t** est adouci, voisin de notre d ;
   – dans le parler féminin, le **l** a la particularité d'être mouillé. Prononcé par une femme, le mot *loaso*, par exemple (qui désigne le chien), doit être transcrit : *lioaso*.
   Le **q** peut être tendu (il est alors transcrit **qq**) et assimilable à une chuintante (prononcé **qx**). Son point d'articulation est postérieur au **k** du français. Pour respecter la prononciation moutaléra, le mot *koka-kola*, par exemple, qui désigne la boisson occidentale bien connue (mais peu consommée à Qalinext), doit être transcrit : ***q**oqa-**q**ola*.

Les voyelles, en revanche, ne posent guère de problème au locuteur francophone dont la langue est riche en sons vocaliques. Notons seulement le **â**, qui a la valeur d'un **o** non arrondi, et le **i**, mal différencié du **yi**, qui, phonologiquement, fonctionne comme une semi-voyelle.

Pour d'autres précisions, on pourra se reporter à l'excellente phonologie d'un parler voisin (celui des Montesierros de Kradoxteq), publiée en 1959 par le professeur Ignazio Santa Cruz de la Boca : "Elementos para una fonologia functional y structural de los Montesierros de la Sierra Madre", Estudias de linguistica americanista, europeanista, afro-americanista y asiatica, *volume VII, tome XIX, pages 947-953).*

1

Fragments d'histoire

Refermés sur eux-mêmes, par force autant que par tradition, les Moutaléros habitent quelques petits villages juchés dans un ciel bleu qui semble concave tant il est vaste, et où règne un silence que vient parfois troubler le cri des oiseaux.

Au voyageur de passage, ces hommes donnent l'impression de ne pas beaucoup se soucier de leur avenir. La vie se déroule sous un soleil qui ne manque jamais, et dans ce qu'on appelle un grand dénuement. Mais le mot prend ici toute sa réalité puisque leurs chaussures sont usées jusqu'à la corde et leurs *huipil* jusqu'à la fibre : d'un mauve vif lorsqu'ils étaient sur le métier à tisser, ils ont repris la couleur de la montagne et la douceur lumineuse du soir.

De petites dimensions, leurs maisons pourraient satisfaire des nomades en transit pour une nuit ou deux, mais pas des sédentaires : les murs de terre sèche s'érodent régulièrement et les toits en terrasse balayés par le vent n'en finissent pas de s'effriter.

Lorsque le vent a fini son travail et que le ciel entre dans la maison, il faut remédier aux dégâts. Les Moutaléros ont opté pour la solution la plus simple : ils refont le plafond en rognant sur la hauteur des murs de soutien.

C'est ainsi que d'une saison à l'autre, les maisons diminuent de volume et se rapprochent du sol. Il faut se baisser pour y entrer, et se voûter pour y vivre. Chaque année, la situation s'aggrave. Elle aboutira à un enterrement progressif car, déjà, les maisons les plus vieilles se confondent avec les tombes les plus récentes.

Une initiative de l'État est à l'origine de cette détresse. Elle survint juste après la Grande Guerre, lorsque, avec leur sens habituel de l'hospitalité, les Moutaléros eurent l'imprudence d'accueillir une dizaine d'ingénieurs américains qui leur annoncèrent que, sous leurs pieds, le pétrole ne demandait qu'à jaillir. La plupart durent émigrer et ceux qui restèrent n'eurent pas d'emploi dans le complexe pétrochimique qui crût sur place comme un champignon vénéneux.

Soucieux du bonheur de son peuple – tout en affirmant que les Indiens se trompent sur les bienfaits du progrès –, l'État les installa alors dans la Sierra Madre, sur des terres récupérées qui, pour des Indiens, pouvaient grosso modo faire l'affaire.

Elles avaient, en effet, trois avantages : d'abord, d'être sans pétrole (les voilà donc à l'abri d'une autre expropriation) ; ensuite, d'être irrigables (une rivière de belle dimension y passait) ; enfin, d'être peu habitées (les Moutaléros n'auraient donc pas besoin de massacrer leurs semblables pour se faire une place au soleil).

Voilà pour les avantages car, à part cela, ce sont les terres les plus dures qu'on ait jamais vues. Il faut une énergie peu ordinaire pour y creuser le moindre trou : rien n'y pousse ou presque et, pour paître ou brouter, les bêtes doivent s'y mettre à plusieurs.

Jeudi 4 novembre

J'ai relu ce texte plusieurs fois avant de me décider à l'envoyer ce matin au directeur de l'Institut. Peut-être aurais-je dû en atténuer les provocations. Je crains qu'il ne soit pas accepté sous cette forme... Enfin, on verra bien ! De toutes façons, pour l'heure, j'ai d'autres occupations...

On apprend beaucoup de choses à l'Université, mais pas l'essentiel. Comment se comporter chez ceux qui vous accueillent ? En corsaire ou en pirate ? Quelle est, au fond, ma légitimité ?

Pour la conduite de mes enquêtes, en toutes circonstances, je dois séduire. J'ai un peu l'impression d'être une prostituée : il me faut être toujours présent et, si possible, attentif. Je cherche sans cesse à marquer des points. Pour laisser croire que je comprends tout à demi-mot, je réponds par d'autres demi-mots (cette fois réels, vue la pauvreté de mon vocabulaire). Je m'épuise littéralement à vouloir être des leurs et, le soir, je n'ai plus qu'à m'allon-

ger dans un coin de la maison, les yeux dans le vague, pour me reposer des fatigues de la journée.

En même temps, je mesure les limites d'une telle attitude. Car, à vouloir passer pour un savant, je cours le risque qu'on ne me dise rien. Il faudrait plutôt que je joue l'innocent, ce qui n'est guère facile. Bref, j'hésite entre faire le cuistre ou l'idiot.

Durant toute la semaine, il n'a pas été commode de travailler sur la musique. Aucun espace n'est prévu pour parler d'elle. J'entends parfois des hommes siffler au travail et des femmes murmurer en chemin. Mais tout cela est bien discret et moins riche que ne le laissent supposer les enregistrements du Père Duchemin. On me l'a dit à plusieurs reprises, normalement ces chants sont criés (on les appelle laiyâla, *ce qui renvoie à la fois au cri et au chant). Ils le sont d'autant plus que la fête est grande. En attendant, on les susurre de-ci, de-là, comme pour ne pas les oublier... "Il faut attendre la saison des fêtes pour les entendre vraiment, me dit-on. Là, oui ! dans les mariages, ils sortent bien..."*

Le spectacle apparemment n'a pas commencé et je profite de ce temps de latence pour prendre des notes sur ce que je vois et mettre en réserve quelques textes destinés à mon correspondant : les quatre ou cinq que j'ai d'avance me libèrent pour un bon mois ; je serai disponible aux premières noces qui, si j'ai bien compris, ne devraient pas tarder. Le reste du temps, je partage la vie des gens.

2

L'usine de Qalinext

Leur deuxième expérience administrative, les Moutaléros l'eurent avec la *Provincia*.

À la façon des astrologues aztèques qui concevaient leur ciel sans connaître les lois de la gravitation universelle, les fonctionnaires de la Provincia gèrent d'immenses espaces qu'ils ne visitent jamais, dont ils ignorent la nature et les confins.

Il y a une trentaine d'années, ils avaient décidé de créer près de Qalinext, au pied de la montagne, une industrie de transformation. Mais il n'y avait rien à transformer dans une région où l'énergie même manquait.

L'usine avait fabriqué en son temps des boîtes de conserve. Mais, depuis plusieurs années, elle ne produisait plus rien et ressemblait désormais à un chantier en désordre, que la nature reprenait sous son empire et dont rien ne permettait de savoir s'il était en construction ou à l'abandon. Les ouvriers l'avaient quitté à la hâte, sans même ranger les chariots et les grues. Mais on pouvait aussi bien croire que le travail n'avait pas encore commencé.

Toujours est-il que, près de cette ruine contemporaine, Qalinext a hérité de quelques boîtes en fer blanc et de résidus métalliques qui servent surtout d'objets décoratifs : fibules pour les capes des femmes, éléments de colliers, garnitures de portes et de fenêtres portant encore leurs marques d'origine : "Gloria", "Nestlé" écrits dans une graphie légère et déjà antique.

---

11 novembre

Rien ne ressemble plus à une maison moutaléra qu'une autre maison moutaléra. Même forme, mêmes dimensions et proportions. Comme les hommes du reste, tous de même taille, petits et secs, d'aspect étrangement asiatique. Avec leurs pommettes saillantes, leurs yeux fixes comme des billes de marbre noir, leur nez en bec d'aigle, ils semblent l'exacte réplique des statuettes précolombiennes, nées des œuvres de leurs ancêtres sculpteurs. Leur teint est cuivré, tirant sur le mauve de la terre alentour. Un petit couvre-chef, que jamais ils n'enlèvent, est vissé sur le haut de leur tête. Plat chez les femmes, un peu plus haut chez les hommes, ce chapeau leur donne une sorte de civilité anachronique et rend plus lumineux encore des cheveux d'onyx où le ciel se reflète...

Dès mes premiers contacts avec les gens de Qalinext, j'ai été frappé par leur façon d'approcher les choses, comme si elles leur étaient étrangères et qu'ils ne devaient avoir de familiarité avec rien. Leur regard intime une double distance : celle qui les sépare d'un passé sorti de leur mémoire et celle des hauts plateaux dont ils ne peuvent embrasser l'étendue.

La nature, les hommes et les animaux eux-mêmes obéissent à une esthétique de l'homogénéité : les chiens sont de la même race et se confondent avec les moutons qu'ils gardent, tant ils leur ressemblent. Chiens et troupeau ont d'ailleurs pris la couleur du paysage et il faut avoir des yeux de berger pour les distinguer parmi les grosses pierres brunes et blanches qui parsèment la montagne... Au cours de mes balades quotidiennes dans le village, je ne peux, sans repère sûr, aller chez les uns sans me perdre chez les autres. Le plus grave est que, sur le coup, je ne me rends pas compte de l'erreur et il m'arrive d'évoquer devant mes hôtes des faits qui ont eu lieu la veille dans une maison voisine. Découvrant tardivement l'erreur, je me confonds en excuses. On y répond par des sourires.

D'ailleurs, était-ce bien la veille ? Rien n'est moins sûr tant les jours se ressemblent. D'une certaine façon, l'interchangeabilité des lieux et des personnes simplifie l'enquête. L'ethnologie n'a-t-elle pas pour habitude d'approcher les peuples à travers leurs propriétés générales ? Elle s'accommode mal des différences individuelles. Si cela est vrai, mon inexpérience me sert. Apparemment, on pardonne mes fréquentes indélicatesses ; je bénéficie d'une grande indulgence et mon manque de discernement est mis sur le compte de ma balourdise de gringo.

3

Le nom des choses

À Qalinext, les prénoms sont peu nombreux. Beaucoup de gens ont le même : Pedro, Tsango, Tligmas et quelques autres.

Sans doute n'est-il n'est pas nécessaire de différencier les enfants à leur naissance. Ne sont-ils pas destinés à devenir semblables ? à travailler les mêmes terres et à se retrouver le soir au bistrot, pour boire la même *chicha* ?

Mais, pour l'officier de mairie chargé de l'État-civil, si beaucoup d'enfants portent le même prénom c'est surtout à cause du père, toujours saoûl lorsqu'il va faire sa déclaration : il dit ce qui lui vient à l'esprit et sans s'en rendre compte, dicte un nom déjà porté par l'un des siens.

On peut avoir un point de vue différent sur la question et attribuer ce fait à la mairie elle-même, à son bâtiment vétuste, qui sent le renfermé, et à son fonctionnaire endormi. Les hommes ne s'y rendent qu'à cette occasion ou presque ; les prénoms identiques auraient pour origine un sentiment collectif de paternité et plus encore la même démarche administrative répétée. En d'autres termes, l'homonymie aurait l'homologie pour cause...

À l'opposé, les toponymes et les lieux-dits donnent l'impression d'être en surnombre. Bien sûr, pour le géographe, cela complique un peu les choses, mais dans la pratique, cela ne change rien. Ainsi, une seule et même terre, toute en longueur, située à quelques centaines de mètres du village, reçoit plusieurs noms : TerraMund, Txopalq, ou Crapayit. Mais, dans la conversation, personne ne prend un nom pour un autre : les bergers disent TerraMund, les paysans Txopalq et le toponyme Crapayit est surtout utilisé par les chasseurs.

C'est sur ce même lieu-dit, à la fois singulier et pluriel, que les bêtes et les hommes (bergers, paysans et chasseurs) se retrouvent chaque jour.

Le cas de la rivière est un peu différent. Bien que l'eau soit la même partout, elle change de nom tous les trente ou cinquante mètres, et tandis qu'elle suit immuablement son cours, l'usage de la langue révèle ses discontinuités secrètes : on ne va pas au "Rio Gualdivir" que mentionne la carte de la région, mais à des lieux-dits, à Prnevilq, Buxholt ou Txopalq entre des rochers et des grosses pierres que les crues de printemps déplacent chaque année C'est là que les femmes viennent laver le linge et que les bêtes vont boire.

18 novembre

Ma nouvelle maison. Pour être plus tranquille, j'ai émigré chez Tligmas, une femme d'une quarantaine d'années (mais rien de plus difficile que d'évaluer l'âge). Du matin au soir, elle file comme toutes les femmes du village ; elle a toujours un fuseau entre les mains, enchaînant des gestes précis et gracieux qui ne lui demandent aucune attention tant ils sont automatiques. Chaque jour, elle mène paître sa vache ou son cochon dans plusieurs lieux dispersés du pays. Elle tient son animal en laisse comme un gros chien et lui parle sans arrêt. Sinon, Tligmas est peu bavarde.

Elle habite une maison riche, que rien, à dire vrai, ne distingue des autres, si ce n'est qu'elle est au centre du village, bien située sur la hauteur ; de là, il m'est possible de voir ce qui se passe dans les maisons avoisinantes.

Ma chambre jouxte la petite étable où s'entassent la vache, le cochon et les deux chèvres. Avec l'étable, toute la maison est sonore comme la soute d'un navire. Les animaux mangent sans arrêt et je vis près d'une sorte de moteur animal qui fonctionne en permanence.

Nous sommes peu nombreux dans la maison. Tligmas vit avec deux hommes : son mari et son beau-père. Mais, depuis mon arrivée, je n'ai pu différencier l'un de l'autre : habillés de la même façon, ils portent, comme tous les hommes, le même petit chapeau rond, blanc, cerclé d'un ruban noir. Ils ont les mêmes traits et semblent du même âge. J'observe Tligmas, mais rien dans son attitude ni dans la tendresse discrète qu'elle dispense à l'un et à l'autre ne permet de les distinguer...

Au retour des champs, l'un est voûté ; mais l'autre semble tout aussi marqué par le temps. À dire vrai, cela dépend des heures.

L'affaire n'est pas simple, car, dans la journée, les deux hommes ne sont jamais ensemble. L'un se couche avant tout le monde (ce pourrait être le père), l'autre se lève le premier (le fils ?). Leurs horaires ne coïncident pas. Je suppose que Tligmas s'y retrouve, elle, en tant que femme de l'un et bru de l'autre, mais au service des deux.

C'est entendu, je choisirai mes horaires et pourrai prendre mes repas à part. Ces repas, rigoureusement identiques d'un jour sur l'autre, servent surtout à remplir le ventre : galettes d'orge et de maïs.

Mais hier, invitation chez Sandra, la sœur de Tligmas : elle nous a servi le plat qu'on mange tous les jours à Qalinext et qui se prépare toujours de la même façon avec les produits de la même terre. Le cœur chaviré par la cuisine de sa sœur, Tligmas a fait une grimace de dégoût qu'elle n'a pas cherché à dissimuler, comme s'il s'était agi de choucroute exotique ou de tchimpas *thaïlandais.*

C'est l'heure du bricolage : j'ai fabriqué une table avec des cartons de récupération et, à la façon des émigrés sans ressources, j'ai reconstruit un monde familier à partir d'éléments trouvés à droite et à gauche : bureau et chaise, de quoi m'installer.

Habituellement désordonné, j'éprouve le besoin de voir mes affaires (peu nombreuses d'ailleurs) parfaitement rangées. Petites fiches, crayons, magnétophone de marque Nagra et bandes magnétiques. C'est tout pour le travail. Pour la décoration, quelques fleurs provenant des prairies de TerraMund dont rien ne permet de savoir si elles sont vives ou sèches. J'utilise une boîte de conserve comme récipient.

Dans le but de déblayer le terrain, j'ai entrepris de dessiner un plan du village que j'ai accroché au mur, mais que personne dans la maison ne sait lire. J'explique où nous sommes sans avoir l'impression d'être compris. Plus énigmatique qu'un glyphe mixtèque, mon plan est indéchiffrable.

Pour Tligmas et ses hommes, l'espace ne peut être pensé dans sa globalité, mais seulement à travers différents parcours qui permettent, par exemple, d'aller de chez soi aux terres de pacage, et des terres de pacage au bistrot, puis du bistrot à l'église.

Dans un coin de la pièce, mon sac de couchage qui, déjà, perd ses plumes et, à côté de lui, un gros réveil-matin à aiguilles, de modèle ancien, qui fonctionne à l'envers, la tête en bas. Pour donner l'heure, il doit être remonté le soir et le matin, ce qui m'oblige à un travail périodique et crépusculaire. C'est de cette façon surtout qu'il marque l'heure.

4

La culture ordonnée

La résignation vis-à-vis du temps – un temps qui n'est jamais compté et dont les Moutaléros ne disent pas qu'il passe, mais qu'il "tombe" sur les hommes comme les blocs de pierre de la montagne sur la vallée – contraste avec une économie quotidienne, précise et parcimonieuse, fondée sur le partage.

Car tout se partage à Qalinext : la boisson au bistrot, la portion de maïs avant la production nouvelle, l'eau de la rivière, et les terres, enfin, délimitées sous l'étendue du ciel. C'est ainsi que les hauts plateaux, où les condors eux-mêmes perdent leurs repères, ne sont pas perçus comme un espace anonyme, mais comme un ensemble collectif minutieusement fragmenté : de petits murets les parcourent, mais rien ne permet de savoir s'ils balisent les terres ou s'ils résultent de l'entassement des pierres qu'il fallut enlever aux champs pour les rendre cultivables.

Les bergers, quant à eux, lisent la terre en négatif. Ils vont avec leurs bêtes là où rien ne pousse, sur l'aire calcaire de TerraMund ou dans la dépression de Cravillas. Leur parcours suit la géologie tourmentée du pays. Ils conduisent leur petit troupeau sur des prairies pierreuses et indivises appartenant à leurs frères, cousins ou beaux-cousins. Ils ne peuvent se brouiller avec eux sans risquer une triple famine : celle de leurs bêtes, la leur et celle des petits propriétaires fonciers qui louent leurs terres contre du lait.

C'est ainsi que chacun "tisse une part du *huipil* de l'autre" et que, contrairement à ce qu'affirment les homélies des prêtres *gringos*, ici l'amour du prochain et la fraternité sont moins des vertus que de simples vicissitudes. À Qalinext, l'amour est une nécessité et il n'y a pas de place pour les grandes destinées, hormis celles des chamans et des fous. Eux ne sont pourtant pas des marginaux, mais des êtres familiers qui rappellent l'existence d'un abîme tout proche.

Cet ordre des choses est souvent mis à mal par des catastrophes naturelles : sécheresse, chute démographique ou épidémie. C'est ainsi que, dans les années cinquante, le typhus décima des familles entières. Ceux qui en réchappèrent par miracle reçurent en héritage, bien malgré eux, des terres aux dimensions inhabituelles, que leur étendue même décourage d'exploiter.

La pénurie, fille ingrate de la nécessité, est passée dans la morale. Il n'y a rien à gaspiller, sauf peut-être le temps – ce temps que l'on regarde "tomber", en attendant le jour mythique où le soleil se décrochera du ciel pour reprendre la terre et rendre aux hommes leur destinée originelle.

De toutes façons, rien n'est prévu pour qu'on s'enrichisse à Qalinext. La terre n'offre ni ne permet aucune exubérance et chacun la cultive dans les limites de sa survie. Lorsque les terrains trop arides et trop larges sont laissés en jachère, les bergers les traversent sans plus les contourner. La jachère alors devient friche et les pauvres y viennent faire leurs offrandes : ils ensevelissent quelques grains de maïs en attendant que la saison suivante leur apporte une petite récolte.

---

24 novembre

Durant toute la semaine, j'ai reçu à l'improviste la visite de Sandro. Sitôt arrivé, il me salue avec chaleur, comme si nous nous connaissions depuis toujours. Puis, il s'arrête d'un seul coup sans plus parler et reste assis pendant des heures dans un coin de la maison, absent, les yeux dans le vague. Apparemment, nous n'avons rien à nous dire. Lorsqu'il repart, c'est pareil : il saute de joie, me salue avec la même emphase et s'éclipse. À dire vrai, sa présence brutale m'est un peu inutile.

Pedro, que je continue à voir chaque jour, est tout différent. Lorsqu'il vient, c'est surtout pour me convaincre qu'il n'est pas comme les autres : il aurait fait le tour du monde, travaillé dans les mines du Geras, tué trois lions en Afrique et se serait ruiné dans les tripots de Mañaos. À hôte exceptionnel, histoire exceptionnelle. Normalement, le souffle épique n'a pas sa place à Qali-

next ; mais moi je viens de loin, je dois être le seul à pouvoir l'entendre. Et Pedro en profite.

Mais c'est un homme de savoir et déjà un ami. Son incessant bavardage m'instruit et sa générosité brouillonne m'interdit de limiter mes enquêtes à la musique. Il semble d'ailleurs qu'au fil des semaines, sa mythomanie s'essouffle.

De son côté, il n'aime pas trop me voir discuter avec d'autres. N'ai-je pas été son hôte du premier jour ? Cela crée des devoirs réciproques.

Le rêve de l'ethnographe est pourtant d'être l'ami de tous sans en privilégier quelques-uns (se créer une petite clientèle d'"informateurs", comme on dit dans le métier). Or prétendre à des relations de confiance avec tout le monde est illusoire. L'exclusion fait fondamentalement partie du dispositif social, d'autant que chacun nourrit à l'égard de l'autre une petite haine inexplicable, qu'aucun règlement ne peut contenir.

Ces mécanismes d'intolérance, étrangers au pauvre ethnographe, le conduisent au faux-pas et le forcent à l'embrouille. Je mesure par là-même les difficultés de l'enquête. Entrer dans une société comme celle de Qalinext, c'est entrer dans un jeu qui débuta il y a des dizaines, des centaines et peut-être des milliers d'années. Sitôt débarqué, je prends place sur un échiquier sans connaître les positions ni les stratégies des uns et des autres ; on ne m'a pas attendu pour commencer la partie.

Pedro est chanteur. Je l'ai pressenti dès mon arrivée : comme beaucoup de chanteurs, il a une sorte d'impudeur naturelle qui trahit son talent. J'ai entendu sa voix un jour qu'il chantonnait dans le village, mais aujourd'hui, j'ai sorti le Nagra pour l'enregistrer. Ou plutôt pour enregistrer "sa" chanson, comme il dit. Le magnétophone l'intrigue : lorsqu'on passe la bande à vitesse accélérée, il prend la voix d'un oiseau et "pépie comme le canastero des montagnes". Mais le mot "Nagra" l'amuse, car il ressemble à nigra *qui, en moutaléro, désigne le cochon. "Il est bien propre, ton cochon !" dit-il en riant.*

Ce qu'il chante rappelle à s'y méprendre ce qu'a enregistré le Père Duchemin. À ceci près que Pedro est devant moi, présent. Il porte la main à sa joue, tantôt derrière l'oreille pour recueillir le son, tantôt près de la bouche pour l'amplifier et l'envoyer au loin. Sa voix, rauque et brisée, est prête à s'abîmer en bruit. C'est magnifique.

Il entonne :

Ce n'est pas que je sache chanter,
Mais le cœur me fait mal...

Les phrases s'égrènent en une suite de strophes régulières. Soulignant des degrés inédits, sa voix descend comme un escalier, ou glisse comme le long d'un mât. Pedro raconte une histoire – son histoire – qui se construit sur d'insensibles variations, comme la lumière du soir sur la montagne.

Les paroles, comme les noix,
sont l'affaire du hasard.
Quand j'en casse, j'en trouve des vides,

j'en trouve des pleines.
– Que dire, que ne pas dire ? Et par où commencer ?

Ce moment dense et inattendu, hors du temps, remplit de joie l'orpailleur de musique que je suis. Il donne un sens à mon voyage.

Laiyâla *de Pedro*

Paradoxalement, la mélodie de Pedro tire sa force de son exacte monotonie. Selon une pratique toujours en usage chez les folkloristes, je l'ai réduite à quelques signes et transcrite sur du papier à musique en même temps qu'il la chantait.

Mais l'espace musical réel n'est pas celui de ces quatre ou cinq notes. Enfermés dans leur portée, comme les moines italiens dans leur couvent lorsqu'ils les inventèrent, les signes du solfège sont incapables de traduire la façon dont la voix, rauque et haletante, se développe et remplit tout le spectre sonore.

À mon tour, j'ai voulu chanter la laiyâla *de Pedro. Mais j'avais la voix trop fine et n'ai pas su maîtriser le délicat rubato qui caractérise son chant ; mon ami n'a guère trouvé de ressemblance avec l'original. Il a souri, avant de dire :*
    "Tu sais, il faut être Indien pour chanter cela."

"Il faut être Indien pour chanter cela." Cette phrase trotte dans ma tête. Selon l'intonation que j'y mets, elle prend un sens différent, mais marque un seuil qu'aucun gringo ne peut franchir. Pedro connaît mes limites sans doute mieux que moi-même.

Une des caractéristiques du gringo justement est de poser des questions. Il s'agit d'un art difficile, car la musique est une pratique qui ne se commente pas, et le chant une activité non réflexive.

Poser des questions revient d'ailleurs à réduire le champ de connaissance car, invariablement, les réponses conduisent soit à ce que l'on sait déjà, soit à ce que l'on ne peut comprendre. Le jeu des questions-réponses est toujours un exercice désarmant. Dans la majorité des cas, la question, mal posée, n'est pas comprise. Voilà donc une invitation à en essayer une autre. Mais, bien formulée, elle conduit à une explication qui commence toujours par un "ça dépend" (plutôt décourageant) et se poursuit par un développement où jaillissent des données nombreuses et denses, que les sténographes les plus rapides ne pourraient consigner.

Et lorsqu'arrive le moment (délicieux) où l'on croit entrevoir une réponse, cela ne dure pas longtemps car, en se développant de nouveau, le discours a vite fait de brouiller les premières pistes.

Désormais, je saisis mieux les qualités individuelles de mes hôtes. Mais, à mesure que leur humanité me devient familière, elle rend plus difficile le regard ethnographique. Nombre d'activités auxquelles je participe m'obligent à prendre des notes à la dérobée ; je suis toujours gêné qu'on m'y surprenne... Tantôt j'accompagne Pedro à la chasse (ma présence est d'ailleurs inutile car je ne vois jamais le gibier ; je le chasse au sens propre du terme, c'est-à-dire qu'il prend la fuite en me voyant) ; tantôt, je participe à la réfection d'une maison (l'épreuve est rude sous le soleil) ; tantôt je vais au bistrot, ou à TerraMund pour regarder "tomber le temps" avec les bergers.

Voulant signifier à mes hôtes que je suis des leurs, je colporte à droite à gauche les nouvelles à deux sous : celles du village. Bref, je suis moitié concierge (un bien médiocre concierge, qui ne sait pas grand chose), moitié factotum (un factotum de luxe qui ne fait que ce qui lui plaît).

Je crois avoir sensiblement acquis la lenteur du pays. Il me faut beaucoup d'énergie pour entretenir un petit rythme de travail – deux ou trois heures par jour ; pour mémoriser le chant de Pedro, j'ai dû passer l'après-midi ou presque.

D'une certaine façon, je cherche des loisirs. Ces derniers ne manquent pas, mais – paradoxalement – c'est l'absence de travail clairement circonscrit qui les rend impossibles. Je suis toujours sur la brèche, souvent pour n'y rien faire ; et rien n'est plus fatigant que de vivre – vivre tout simplement – avec les autres.

Demain, je pense aller au marché en camion pour me changer les idées, voir d'autres têtes et d'autres lieux et surtout téléphoner en France. J'en profiterai pour déposer mon courrier à la poste : une copie des meilleurs enregistrements de Pedro adressée au Musée de l'Homme, un vague plan de thèse pour le professeur Lehman et quelques lettres peu détaillées à ma famille, à base de

"Tout-va-bien" et de "Je-pense-à-vous" (curieusement, la solitude m'inspire de la pudeur).

J'y ajoute, bien entendu, mon quatrième petit texte pour le directeur de l'Institut. À ce jour, celui-ci n'a jamais eu la courtoisie de me remercier pour mes précédents envois... Voilà qui est étrange. Peut-être ne les a-t-il pas reçus ? Ou bien attend-il autre chose de moi ?

J'aurais pourtant bien besoin d'une reconnaissance.

5

Le camion du jeudi

Le jeudi est le jour du marché. Les Moutaléros s'y rendent pour constater l'escalade des prix et mesurer leur impossibilité à acheter quoi que ce soit. Lorsqu'ils reviennent au village, ils annoncent : "C'est 1000 scuderos maintenant !"

Au marché, ils prennent donc l'air du temps en évaluant le prix de leur solitude.

Mais le jeudi est aussi le jour du camion : il passe à Qalinext aux alentours de midi pour se rendre au marché de Caraxhu. Poussiéreux, servant aux hommes et aux moutons, il est, sur le devant, décoré de plumes glanées par accident. Les condors et les *zamuros* ne se sont pas encore habitués à sa vitesse. Bon nombre s'y laissent prendre et le radiateur du camion, plus chaud que le ventre d'une locomotive, s'orne de débris d'oiseaux aux plumes écarlates.

Il y a plusieurs façons d'évaluer les distances : en kilomètres, en heures, mais aussi en argent. Quand on demande à un Moutaléro si le marché est loin, il répond : "À 300 scuderos." C'était 100 scuderos l'année précédente ; mais avec l'usure

37

de la monnaie, le marché est de plus en plus inaccessible ; l'argent le met hors de portée.

Mais tout est une question de point de vue, car le camion, de moins en moins chargé, va plus vite sur la piste et le voyage est maintenant expédié en quelques heures : le marché est donc de plus en plus proche et, pour le chauffeur, c'est du temps gagné pour ses haltes au bistrot.

Seuls les hommes voyagent. L'horizon des femmes a pour limite le mont Txopalcq au nord et la vallée du Crapahyit, en contrebas, au-delà du cinquième moulin. À partir de là commence le pays des Moutilorès. Personne n'y va, si ce n'est pour voler quelques brebis ou traiter d'affaires matrimoniales exogames et complexes.

Chez les Moutilorès résident aussi des Moutaléros exilés pour dettes de jeu. D'autres s'y sont réfugiés pour des histoires de femmes – c'est-à-dire pour des histoires qu'ils firent aux femmes –, par ordre de gravité : inceste, adultère et viol. Il s'agit là d'une autre forme d'endettement. Lorsque ces différentes dettes s'ajoutent, ceux qui les contractent ne s'arrêtent pas en pays voisin et vont chercher des terres d'exil plus bas dans la vallée. Mais leur réputation les suit et la nouvelle terre d'accueil a vite fait de se dérober sous leurs pieds ; ils doivent s'éloigner encore, jusqu'à mettre entre eux et leur village d'origine une distance couvrant leur délit. De loin en loin, d'exil en exil, ils se retrouvent alors dans les faubourgs de la ville où une vie de clochard les attend.

2 décembre

La poste de Caraxhu a hérité des anciens fastes de la colonisation et des prouesses technologiques du siècle dernier : elle est logée dans un palais baroque et les installations dont Edison fut l'inventeur sont garanties d'époque.

Longue attente pour parler avec la France... les services du téléphone n'assurent pas la communication, mais seulement l'accès à la ligne. Discussion un peu vive, mais vaine, avec la téléphoniste : *"Est-il normal de payer l'appel lorsqu'on n'entend rien ?"*

Ce matin, en allant au marché, j'étais coincé à l'arrière du camion entre quatre campesinos, trois vaches et cinq chèvres. J'ai dû faire de gros efforts pour me cramponner à l'armature brimbalante du plateau à ridelles et ne pas chavirer...

Pour tout bagage, j'avais avec moi le petit carnet de notes qui ne me quitte jamais. J'étais parti sans mes papiers. C'est un signe : cela aurait été inconcevable il y a seulement quinze jours, lorsque j'éprouvais le besoin d'avoir une réalité administrative et d'être reconnu dans mon statut d'étranger.

Mais, comme les Moutaléros eux-mêmes, je sais maintenant que les papiers d'identité, déjà inutiles au village, ne sont pas nécessaires en voyage : pour répondre aux contrôles de l'administration, les billets de banque sont plus efficaces.

Le camionneur non plus n'avait pas de papiers. Pour la police, il travaille au forfait. Il tenait son volant de la main droite et serrait de l'autre une grosse liasse de billets, toujours prêt à en extraire un ou deux. Nous étions donc sur une sorte de piste à péage : les policiers qui la jalonnaient ne tendaient pas le bras pour arrêter le camion, mais pour récupérer 100 scuderos qu'ils empochaient sans que le chauffeur ait pris le temps de s'arrêter. L'opération était conclue par un bref salut.

Tous les premiers jeudis du mois, c'est la Feria, *"la foire". Les bergers viennent vendre une ou deux brebis, les paysans leur vache, les femmes leur chèvre. Quelques transactions s'effectuent, mais sans pourparlers, comme si le silence tenait lieu d'argument et que la parole pouvait troubler l'alchimie secrète des décisions. Durant tout l'après-midi, il y a peu de ventes et peu d'achats : les bêtes semblaient venues pour se montrer, comme si elles étaient en visite, pleinement assurées de retourner le soir même à l'étable. Elles se frayaient doucement un chemin entre les éventaires fragiles où s'entassaient des légumes et des fruits provenant des* latifundios *des basses terres : oranges, papayes et bananes dont on ne connaît à Qalinext ni le nom ni le goût. Empilés en pyramides, ces fruits colorés rappellent les temples d'Edznà et de Palenque.*

Une vieille femme a retenu mon attention. Elle n'était pas, comme les autres, assise à même le sol (avec cette façon particulière de ramener les pieds contre les fesses), mais sur une chaise, derrière une table où reposait, dans sa boîte d'emballage ouverte, un grand cassettophone neuf et décoré de fleurs. On aurait dit un objet de culte, un de ces petits autels rencontrés sur la route. Par curiosité, j'en ai demandé le prix, mais il n'était pas à vendre. C'était un cadeau de son fils, qui travaillait au Honduras, à la ville. Il avait une voiture, une femme et des enfants habillés comme des princes. Elle n'était jamais allée lui rendre visite, mais elle savait que, là-bas, tout fonctionnait à l'électricité, comme sa machine à musique dont elle me vanta longuement les mérites.

"C'est une rapporteuse, une colporteuse de ragots ; tout ce qu'on lui dit, elle le raconte aux autres..."

"Je sais, lui ai-je répondu, j'en ai une, moi aussi."

6

La voix d'Alma

Les Moutaléros disent du chant qu'il "habille le cœur". Il naît d'un bouleversement intérieur où se jouent des séquences de vie théâtralisées et s'accompagne toujours d'une grande consommation d'alcool.

Chez les femmes, qui n'ont pas la réserve coutumière des hommes, ni leur indolence naturelle, ce chant figure ce qu'elles sont et raconte ce qu'elles vivent. Tandis que les jeunes filles chantent les yeux toujours fermés, traduisant une pudeur autant qu'une attente, leurs aînées ouvrent les paupières lorsqu'elles reprennent leur souffle : chez elles, le drame intérieur couve toujours sous le sommeil feint. Lorsqu'elles seront plus âgées et que leur vergogne s'évanouira en même temps que leurs illusions, personne ne sera épargné par leur regard.

Quand Alma ouvre les yeux un bref instant, c'est pour accrocher un homme, avant de retourner aux vibrations de son corps, comme si ce regard furtivement porté sur un autre l'avait détournée d'elle-même. Alors, soudain révulsés, ses yeux se referment sur elle-même, et son buste, bercé par les oscillations de sa voix, se balance de droite à gauche. Irrigué par d'obscures représentations intérieures, son chant est dense et lourd : il sort de son ventre et se déverse dans l'air avec la puissance d'un fleuve grossi d'alluvions.

Et si la voix d'Alma n'est pas pure et droite comme celle d'une soprano d'opérette, ce n'est pas à cause des dégâts du tabac et de l'alcool sur ses cordes vocales, mais parce qu'elle charrie les scories de l'âme.

Elle chante :

Celui que j'aime
laboure à TerraMund.
Il n'offre pas à boire,
mais cherche des fontaines
dans les gués les plus bas...

Les autres m'infligent
le déballage de leurs insuffisances,
Et mon indifférence
couvre autant de volcans
que le lac Atitlan.

Le ciel de toute l'année
n'a pas assez d'orages
pour étancher ma nostalgie...
– Mesurez avec moi
tout le mal que j'endure.

Lorsque les chants des femmes ont cette intensité, les hommes gardent le silence et manifestent leur assiduité par des "flèches" (*sayetas*) : ce sont des cris modulés qui tiennent du chant et de l'interjection. Une "flèche" est une sorte d'éclat de mélodie (comme on parle d'un "éclat" de silex brisé), mais jamais cet éclat, qui dut se détacher du noyau musical dès l'origine des temps, ne se superpose au chœur à l'unisson, car une politesse pointilleuse exige de le placer là où il faut : le plus discrètement possible et durant les silences, pour ne pas détourner le chant de son tracé original – juste pour souligner qu'il a été entendu.

C'est ainsi que la pudeur endigue toujours l'émotion et s'y proportionne au point que la beauté de la mélodie se mesure au silence qui l'entoure. Un silence profond et uniforme – où les *sayetas* se détachent comme un trait noir sur fond blanc – traduit la bienséance et, plus encore, la qualité de la musique qui l'impose.

Avec Alma, cette façon de faire (qui soumet l'esthétique aux règles de la courtoisie) est difficile à suivre, car l'impatience des hommes est grande, surtout lorsqu'ils ont bu. Son chant n'est pourtant pas différent de celui des autres femmes. Mais, attirante comme les phares du camion du jeudi pour les hépiloptères et les *amuros*, c'est sa voix et son incomparable grain qui fascinent.

Lorsqu'elle va au moulin pour y moudre l'orge de la semaine, Alma n'y reste jamais longtemps seule, et lorsque sa

45

voix passe à travers les murs de boue séchée de sa maison, les hommes interrompent leurs parties de cartes pour y coller l'oreille.

À Qalinext, on lui reproche de chanter avec le bas de son ventre. Mais peut-elle faire autrement ? Et sait-on, au juste, où commence le bas et où finit le haut ? Ce sont des questions que l'on se pose et chacun y répond à sa façon.

Il y a quelques années, Alma, encore très jeune, avait dû quitter le village car cette maudite voix ne lui causait que des ennuis. À chaque fois, cela débouchait sur des rixes et elle devait s'enfermer chez elle jusqu'au retour au calme.

"Alma chante trop bas, disait-on, cela finira mal !" Et cela finit mal effectivement, le soir où Sandro, son mari, sortit son couteau et blessa gravement le cousin de Txlpalq.

On étouffa l'affaire, mais, par la suite, Sandro fut interdit de bistrot (le pire des châtiments que l'on puisse infliger à un homme). Il resta de longs mois à la maison et en profita pour battre celle qu'il jugeait responsable de sa tentative de meurtre.

Alors, Alma partit pour revenir trois ans plus tard, épuisée par l'exil. Le temps commit sur elle ses dégâts habituels ; elle chante encore, mais Sandro trouve de moins en moins l'occasion d'exaspérer sa jalousie.

7 décembre

Alma a pris l'habitude de venir chanter chez moi plusieurs fois par semaine, seule ou avec des amis (Sandro est toujours dans son ombre). À ces occasions, nous buvons beaucoup : chicha et alcool coupé d'eau sucrée.

Son chant ne comprend pas plus de trois ou quatre phrases mélodiques qu'elle agence ou mélange librement pour obtenir d'étonnants contrastes :

Laiyâla *d'Alma*

Elle y met une certaine emphase. Né de son corps, ce chant me bouleverse chaque fois que je l'entends. Il célèbre les noces intimes de l'être et prend la forme d'une offrande publique qui invite au partage.

Étrange paradoxe que seul un artifice peut lever. Car la concentration d'Alma ne naît pas d'un repli sur elle-même, sinon on ne comprendrait pas l'étrange fascination qu'elle exerce sur ceux qui l'écoutent. À Qalinext comme ailleurs, l'émotion qu'inspire le chant naît de la force de conviction du chanteur. Et c'est bien ce qui trouble. Mais personne ne sait comment cette force intérieure se transmue en message émouvant qui parvient à toucher l'auditoire.

Jouant sur l'univers des sons et les ressources infinies du plaisir, la musique naît d'une alchimie secrète où l'alcool joue le rôle d'adjuvant nécessaire : l'alcool (comme la drogue) aide à masquer la contradiction créée par l'exercice simultané de la spiritualité et de l'ostentation. En altérant les dispositions logiques de ceux qui s'y adonnent et en brouillant les repères d'espace et de temps, il dissout les frontières qui séparent habituellement ceux qui pratiquent la musique et ceux qui l'écoutent. Non seulement il donne aux premiers la possibilité de toucher plus directement les seconds, mais il permet, aux uns comme aux autres, de penser l'impensable.

Ainsi pratiquée, la musique n'est rien d'autre qu'une métaphore de l'amour... À moins que ce ne soit l'inverse et que l'amour n'ait pris la musique pour modèle. En terme de genèse, cela revient à imaginer que le ravissement amoureux se serait inspiré de l'extase musicale : en cultivant l'art de s'émouvoir par la musique, nos lointains ancêtres durent apprendre à conduire leurs affaires intimes et conjugales...

D'ailleurs, les chants d'Alma ne parlent que d'amour : de l'homme qu'elle a aimé, qu'elle ne peut aimer, qu'elle aurait pu aimer, de qui elle devrait se faire aimer. Il y a dans cette conception amoureuse une grande maîtrise de la conjugaison... Outre le plaisir que m'apportent ces petites soirées impromptues, travailler sur les chants d'Alma (les transcrire et les traduire) me fait faire de prodigieux progrès en grammaire !

7

Le bistrot

Tous les jours, à partir de quatre heures, les hommes sortent de leur sieste qui a lieu dehors, à l'ombre et à même le sol. Ils se dirigent vers le bistrot pour boire et jouer aux cartes, dans un petit local enfumé que fréquentent également les chats et les poules (les chiens restent dehors). La distribution de cartes et de bière de maïs (*chicha*) obéit à un système rigoureux de tournées. On n'en peut changer l'ordre sans provoquer un scandale, déclencher une rixe et risquer un coup de couteau.

En arrivant, chaque homme achète sa ration de tabac pour l'après-midi et s'installe à une table, toujours la même. Il sort de sa poche une liasse de billets roulés, sans consistance ni couleur, que rien ne permet d'identifier comme de l'argent. Il les jette sur la table en même temps que son chapeau... et la partie commence.

Elle finit à la nuit et toute mise de fonds est destinée à être bue. Jamais on ne vit un Moutaléro revenir avec un scudero en poche. Le gagnant est donc celui qui s'enivre et qui, riche pour un soir, se ruine en offrant des tournées. Sa prodigalité lui donne du crédit (il pourra boire davantage les jours suivants), mais surtout elle oblige ses partenaires à une prodigalité égale – jusqu'à la dette, humiliante pour celui qui la contracte.

Le bistrot fait aussi hôtel et même restaurant. Il est tenu par une grosse métisse – la Señora Tpiqi – qu'une vie aventureuse conduisit jusqu'ici. Dispensant un savoir-faire emprunté de la ville, elle gère son auberge comme un régisseur de théâtre à l'aube d'une faillite. D'anciens signes de gloire en forment le décor : des fleurs en plastique décoloré sont suspendues au plafond et des "posters" de chanteurs yankees ou mexicains à moitié déchirés tapissent les murs. Dès qu'il s'agit d'affaires, la Señora parle en espagnol.

L'hôtel n'a qu'une chambre, attenante au bistrot. Lorsqu'ils sont trop ivres pour rentrer chez leur femme, les hommes y dorment par terre en se faisant une place parmi les cartons qui y sont entreposés depuis toujours.

Une partie de cartes réussie se mesure donc au nombre d'hommes couchés. Trois, quatre, jusqu'à dix les jours fastes.

Côté cour, le restaurant a davantage de tenue. Alors qu'elle intervient peu dans les affaires du bistrot, la Señora Tpiqi considère le restaurant comme "sa" chose. Ses clients bénéficient de toute son attention : attablés à des caisses de bois blanc, ils mangent sur de vraies chaises et dans un silence qu'elle seule se permet d'interrompre. La pièce est assez propre : dans la journée, les poules n'ont pas le droit d'entrer et, le soir, tous les moustiques de la région viennent y griller leurs ailes aux feux puissants d'une lampe à gaz d'origine soviétique.

Les relations suivies que la Señora entretient avec le camionneur lui permettent d'avoir en cuisine des denrées introuvables. Aller à son restaurant relève donc d'une curiosité culinaire puisqu'elle annonce à qui veut l'entendre que "le menu change tous les jours". Mais la véritable curiosité est ailleurs : dans la recherche de saveurs inédites, qui n'aboutit jamais, car une préparation standardisée – strictement conforme à celle du pays – donne aux différents "plats du jour" la même apparence et le même goût.

---

13 décembre

Chaque jour, je vois les gosses tourner dans la cour de l'hôtel de la Señora. Ils se sont fabriqué des cerceaux en roue de bicyclette et jouent comme tous les enfants du monde et comme je dus le faire moi-même au parc Monceau. Ils se chamaillent sans doute pour les mêmes motifs. La Señora les chasse en leur lançant des pierres. Les gosses alors s'enfuient en la traitant de "grosse truie gringa". Cette scène évoque les livres de mon enfance figurant des garnements-voleurs-de-pommes et des garde-chasse moustachus. À leur façon, les gosses de Qalinext disent la même chose que leurs parents : la Señora n'a pas vraiment sa place au village...

À part cela, rien de plus banal que la vie d'ici ; rien de plus insignifiant que les paroles de tous les jours, dites d'une voix tranquille et douce qui transforme le silence en murmures. Rien de plus facile à déchiffrer et de plus commun que ces grandes peines et ces petites joies sur le visage de chacun. Ne suis-je pas en train de les vivre à mon tour ? En m'observant ce matin dans le petit miroir qui sert à ma toilette, j'ai vu poindre des ressemblances avec mes hôtes. Durcie par le vent d'ouest, ma peau s'est tannée et bientôt – je le sens – mes cheveux seront noirs comme les leurs.

Le quotidien non seulement dissout l'exotisme, mais sape les fondements du travail ethnologique qui, de façon obsessionnelle, s'évertue à dégager des différences. À entendre les ethnologues, l'humanité se composerait d'espèces incomparables. Certes, les particularités culturelles existent, mais sans doute moins que les revendications politiques auxquelles elles servent d'arguments. D'ici, je ressens comme vulgaire ce "droit à la différence" dont parlent si facilement les pays riches. À Qalinext, ce droit n'existe pas ; la seule morale que l'on se donne touche au "non-droit à l'indifférence", ce qui est plus simple et plus sain. Quant à la Culture, je la vois pour l'instant comme un système de conventions qui permettent de vivre, et de petits stratagèmes qui servent aux hommes à masquer leur détresse.

Au bistrot, je passe désormais beaucoup de temps à épier les conversations, leurs tournures allusives et leurs doubles sens. Chacun connaît trop celui qui est à sa table pour pratiquer l'explicite.

Les tenants de la discussion sont connus de tous (sauf de moi-même) ; et les aboutissants, de la plupart. Il ne s'agit donc que d'assurer le suivi du discours. Mais si je vais au bistrot, c'est d'abord parce que les hommes y vont : c'est une façon de me confirmer que, moi aussi, j'en suis un, et peut-être de contrarier ce penchant pour l'altérité qui finirait par me faire oublier mon sexe. J'ai pris ma place dans le cycle régulier des tournées, car je suis bien avec ces hommes ; je me suis surpris à mimer leur démarche, leurs attitudes et leurs regards.

Pour le moment, les activités qui s'y déroulent sont le seul rite que j'ai pu observer. À Qalinext, le rituel que les ethnologues recherchent avec obstination dans les fêtes d'exceptions (et qu'ils trouvent habituellement) paraît se limiter à de simples gestes cycliques et quotidiens où la musique est d'ailleurs singulièrement absente. J'ai le sentiment qu'ici, les grandes catégories anthropologiques et les oppositions massives (sacré/profane, vie collective/vie privée, etc.) n'ont guère de sens. Rien de ce que j'ai pu voir ne correspond à ce que j'ai lu dans des livres. C'est à se demander si les ethnologues n'inventent pas ce qu'ils racontent.

Le jeu de cartes se caractérise d'abord par un excès de politesse, comme si chacun redoutait la présence de l'autre. En fait, les hommes ne prennent pas une place dans le jeu ; le jeu est leur place. La distribution de cartes et d'alcool rappelle à chacun son rôle et la distance qu'il doit tenir par rapport à l'autre. Les règles en vigueur ne permettent ni changement ni variation ; elles astreignent ceux-là mêmes qui les ont inventées et peuvent être vues comme une réplique humaine à l'ordre immuable du monde. C'est *sans doute en cela que le jeu de cartes est rituel. Les hommes s'y soumettent, comme à la chance et à la malchance, et leurs parties alternent en ordre régulier, comme le plumage de l'*alqqamari...

Ces observations sont fragmentaires et sans doute superficielles, car on peut lire bien d'autres choses à partir de cette petite société, même en limitant ses propres délires interprétatifs. Mais il est difficile d'avoir sur les faits un point de vue constant. Comme l'œil électronique de mon Nikon, mon regard change sans arrêt de mise au point : je me sens mal préparé à l'ascèse qu'exige l'objectivité.

— À ce propos, ne devrais-je pas m'efforcer d'adresser des textes plus neutres et moins subjectifs à mon commanditaire du jeudi, ne serait-ce que pour éviter d'avoir à désavouer ensuite ce qu'il aura la bienveillance de publier ?

Le travail a maintenant sérieusement commencé ; mais si, d'une façon générale, personne n'économise sa gentillesse, personne n'est entré réellement dans mes enquêtes : on ne comprend pas que je vienne de si loin pour m'occuper de chansons. On a déjà vu des gringos *chercher de l'or, du pétrole, des statuettes et, encore récemment, acheter des tissus pour en faire commerce, mais collecter de la musique, du chant, de l'immatériel – du vent, en somme –, c'est invraisemblable !*

"Vas-tu faire de l'argent avec ça ? " m'a demandé Pedro. Je lui ai répondu qu'avec "ça", comme il dit, je serai peut-être un jour professeur. "Professeur de chant moutaléro ?" m'a-t-il demandé. Voilà qui semble extravagant.

8

Jurisprudence

Chez les Moutaléros, le droit foncier est moins une réalité objective qu'un exercice difficile : on aime surtout en lui les pratiques de jurisprudence auxquelles chaque jour il donne lieu.

De fait, les biens sont attribués sans jamais donner l'impression de l'être. C'est ainsi que les terres de pacage de TerraMund appartiennent à un seul homme (Pedro), sans qu'elles ne lui apportent aucune richesse particulière, hormis un rang et une place d'honneur dans les affaires quotidiennes (au bistrot par exemple, il est toujours le premier à distribuer les cartes). En tant que fils unique, il en a hérité de son père et – à la façon de l'aigle blanc de la Sierra égaré dans l'espace de chasse que libère la mort d'un congénère – il semble perdu dans l'étendue de ses nouvelles terres.

Car la situation normale n'est pas celle-ci. Ordinairement, à la mort du père, les enfants entrent en indivision, sans recette commode pour en sortir. Car, comment répartir une vache, trois chèvres et quatre moutons entre sept enfants par exemple ?

Cette situation, qu'aucune arithmétique ne peut résoudre, est fréquente et plus complexe encore dans le cas d'héritages indirects. C'est ainsi que certains possèdent au village un tiers et demi de mouton ou un septième de vache.

Mais le septième d'une vache, ce n'est pas rien et, une fois que, selon des règles établies, le vacher, a prélevé sa part, chaque fils peut obtenir jusqu'à trois quarts de litre de lait par jour à la belle saison. Cependant, lorsqu'arrive la saison sèche, le lait soudain vient à manquer. La vache retourne alors à l'étable où, à défaut d'un fourrage décent, elle reçoit la visite quotidienne de ses divers propriétaires venant mesurer la pénurie saisonnière à la maigreur du pis.

Au bistrot, il est souvent question de vol de bétail. On ne vole pas les gens de son village et, pour des raisons symétriques et inverses, on ne vole pas non plus les étrangers. Car, avec les premiers, on a tout en partage et, avec les seconds, rien du tout. Ceux que l'on vole sont donc des proches voisins : les AitJalqa qui occupent l'autre vallée, et surtout les Moutilorès, qui résident à moins d'une journée de marche en contrebas (ces derniers, bien entendu, ne se privent pas d'agir de même avec "ceux-du-dessus", comme ils les appellent).

À Qalinext, on leur reproche moins de voler que de se servir plus qu'il est permis. Cela oblige les hommes à une audace réciproque, qui convient mal à leur réserve naturelle, mais qui excite les plus jeunes. Ces derniers sont fiers de leurs exploits, qu'ils exécutent de nuit pendant que les autres dorment. Le vol d'une poule donne lieu à une petite fête (on mange la poule) ; celui d'un mouton à une grande fête (on mange le mouton)... en attendant que les Moutilorès reprennent deux poules ou deux moutons à leur tour.

De fait, le vol révèle les liens sociaux et les structures d'échange. Il donne au pays ses véritables limites, qui ne se confondent pas avec ses frontières naturelles.

Ce sens du partage (directement ou indirectement consenti) touche également aux biens acquis en ville : surtout les radios et les appareils à cassettes qui ont fait leur apparition depuis quelques années. Dans la pratique, ces biens qui représentèrent une ruine pour celui qui les acheta, en deviennent une autre dès qu'ils sont introduits dans le pays. À base d'électronique, les piles manquent pour les faire fonctionner ; décoratifs, ils sont détournés de leur fonction première ; ostentatoires, ils n'y restent pas longtemps.

Dès le départ, ces objets de luxe sont moins achetés pour leur usage que pour témoigner d'un exil qui fut aussi long et douloureux qu'un voyage initiatique. Sur place, ils prennent un temps le statut d'objets cérémoniels, fastueux comme les calices d'or apportés par les prêtres espagnols. Mais, bien vite, ils n'en sont plus et se font oublier de leur propriétaire : abandonnés par les uns, récupérés par les autres, ils mènent alors dans le village une nouvelle carrière et prennent des fonctions diverses selon les besoins ou la fantaisie de chacun.

19 décembre

Après m'être beaucoup promené dans le village, j'ai pu reconstituer mentalement le transistor de marque Philips, modèle 1964, que Pedro a rapporté de son année d'émigration dans les mines du Geras.

— Vu dans le grenier de Tligmas : la caisse, ornée de tiges d'aluminium, utilisée comme masque de carnaval ;

— sur le métier à tisser de Txalpolc, sa belle-sœur : la grille de protection du haut-parleur, servant de barre de lisse ;

— partout dans le village : des filaments de cuivre rouge provenant de bobines de résistance ;

— sur la place, et servant de jouets aux gosses : trois petits engrenages utilisés comme toupies ;

— chez les gosses encore : une antenne télescopique servant à jouer au cerceau avec une roue de carriole sans rayons.

On peut se demander si ce transistor désossé n'est pas à l'image de toute la culture moutaléra, disloquée, et dont la cohérence m'échappe. Peut-être cette cohérence n'a-t-elle jamais existé ? Qu'en sais-je au juste ? Les divinités moutaléras sont en surnombre et les pratiques dévotionnelles à la fois discrètes et polymorphes (j'attends d'y voir plus clair pour en parler).

Faut-il s'en étonner ? La culture spirituelle est plus incohérente qu'elle le prétend, au point que la notion de système, lorsqu'elle s'applique à elle, relève bien souvent d'un abus de langage.

Pour ce qui est de la vie matérielle, c'est une tout autre histoire. Sa logique interne est soumise aux exigences de la survie et obéit à l'ordre de la nécessité ; l'arbitraire y tient une place limitée. Bref, si dans toute la Sierra Madre, il n'y a pas trente-six façons de cultiver le maïs (compte tenu du climat, de la terre, des contraintes techniques, etc.), il y a certainement trente-six façons de le penser... Il me faudra envisager la musique dans cette perspective-là pour lui donner sa place dans l'ordre des contingences.

9

Premiers mariages

En principe, le mariage célèbre l'union, mais à Qalinext, il met surtout en évidence le clivage des alliances, au point que la fête n'est rien d'autre qu'une gigantesque scène de ménage. Mais, à l'inverse d'une scène de ménage ordinaire qui commence par la violence et finit le plus souvent par une réconciliation, le rituel démarre sur une bouderie générale et débouche sur une sorte de fureur où tous les participants s'abîment dans une suite de *laiyâli* hurlées. Quant à la réconciliation finale, elle est de courte durée et, en vérité, elle n'apparaît jamais clairement.

Les trois premiers jours, les familles se préparent chacune de son côté. Pendant que la mariée subit un déballage d'intimités venant des autres femmes, le marié boit comme un trou, sachant que désormais, c'est au bistrot surtout qu'il passera sa vie.

Cette étape préparatoire, qui est d'ailleurs la plus longue, consiste pour les familles à s'ignorer totalement. Chacune festoie bruyamment jour et nuit, à quelques dizaines de mètres l'une de l'autre, partageant seulement les mêmes odeurs tenaces d'huile animale et de beurre rance.

La fête consiste essentiellement à manger ; puis, sitôt que la boisson a fait son effet, à chanter. Chacun y va de son chant sans écouter celui des autres. Il n'y a pas d'accord proprement dit, ni d'organisation chorale ; les voix se chevauchent librement pour se retrouver sur les formules finales qui sont toujours les mêmes.

Dans les développements mélodiques, il règne une sorte d'harmonie de la dissonance. Du moins jusqu'à deux ou trois heures du matin, quand la fraîcheur de la nuit et la chaleur des hommes amènent de meilleures concordances. Les chants prennent alors une certaine épaisseur qui naît de la juxtaposition d'initiatives plus que d'une pensée d'ensemble. Enfin, à l'aube, les plus épuisés s'endorment, et le chant s'éteint, relayé par celui du coq.

Au troisième jour, et comme pour mettre subitement fin aux bouderies préparatoires, les familles se rencontrent, ou plutôt s'affrontent en des joutes chantées. On pourrait croire alors que c'est la rupture tant chacun y met de véhémence : "Eh ! va-t-en, toi la mariée !" dit l'un. "Nos porcs sont plus dignes que vous !" répond l'autre. "Cette famille n'a jamais rien donné de bon", entend-on encore, sans comprendre tout à fait de quelle famille il s'agit.

Tout cela finit par de longues litanies d'injures, haletées plus que chantées, durant lesquelles la mariée pleure abondamment. Le mari essuie les injures en même temps que les larmes de sa femme, avec un sourire béat, comme si tout cela ne le concernait pas.

L'ultime étape est celle des cadeaux, sous forme d'argent ou de tissus à dessins géométriques, soigneusement disposés dans la cour de la maison. Les chants soudain s'arrêtent car c'est l'heure de la suspicion où chacun est comptable de ce que l'autre donne. Et, tandis que la mariée voit sa vie s'organiser devant elle et imagine ce qu'elle pourra acheter avec sa dot, son père évalue comment ce même argent lui permettra d'éponger les dettes qu'il a dû contracter pour la noce.

---

27 décembre

Le mot "dette" (axrwas) est l'un des premiers que j'ai retenu. Il s'emploie à propos de tout. Non seulement pour une fête (synonyme d'endettement) ou la fréquentation du bistrot (même chose), mais aussi pour le vol, cette forme dérivée de l'emprunt qui vous expose à un contre-emprunt plus ruineux encore. Et même pour les rapports amoureux, car "entrer en dette avec une femme", c'est créer une histoire dont le point de départ est l'emprunt de ses charmes....

La dette n'est bien sûr qu'une forme de l'échange. À ceci près qu'elle est plus dynamique que lui : elle crée des relations qui obligent le débiteur. Mais, dans les faits, les dettes de Qalinext n'ont pas cette vertu, car chacun étant à la fois débiteur et créancier, ces dettes se neutralisent et forment un système d'obligations infinies (comme pour la fameuse Biquette de la chanson, enfermée dans un cycle logique, et "qui ne peut sortir de son trou sans son chou... "). La situation familiale des uns et des autres vient encore compliquer les choses et, à moins de décider que toutes les dettes soient définitivement abolies, comme seul pourrait le faire un dictateur, la situation est sans issue.

Il n'en reste pas moins que la dette est en soi déshonorante. Elle alimente les conflits et, au détour d'une discussion qui s'envenime, offre des arguments commodes à qui veut humilier l'autre. Corollairement, celui qui en a peu acquiert de l'assurance, de l'orgueil et même une certaine désinvolture, car, lorsqu'il se trouve en compagnie, sa mémoire n'est pas encombrée d'une liste de noms, de services, ou de sommes d'argent dont il est redevable.

Moi aussi, je me sens endetté, mais cette dette est d'une autre nature : hier, c'était la noce de la fille de Pedro, et, ce matin, je n'ai pas pu me lever. J'étais un peu malade. Le dégoût s'engluait dans les odeurs de la veille. Tout m'était violent : le silence du jour, les bruits de la nuit, la transparence même de l'air et plus encore l'hygiène approximative des lieux et des hommes. L'attention soudain maternelle de Tligmas n'y a pu rien changer.

Au prix d'un gros effort, j'ai dû m'arracher à ma couche en désordre pour me mettre à l'écart et écouter les enregistrements de la veille. Mais la musique ne pouvait s'extraire du contexte qui l'avait fait naître. Elle le révélait, au contraire, avec force. Le son rappelait l'écœurement de la veille. Mon oreille semblait capter les odeurs d'huile rance, gravées désormais sur la bande comme le signal sonore lui-même.

Je redoute qu'il me faille désormais travailler sur une musique écœurante, au sens premier du terme.

10

Épicerie, églises et fêtes

L'épicerie, en face du bistrot, est le seul lieu où l'on trouve quelque chose à acheter. La boutique est de proportions assez vastes et la maigreur de l'approvisionnement y est largement exposée : pommes de terre qui ne cachent pas leur origine terrienne, maïs en épis décorés de leurs fanes et petites pastèques rondes comme des billes géantes.

Tout ce qu'on s'y procure peut se cultiver chez soi ou se trouver chez le voisin : les fruits semblent avoir poussé en bordure du négoce et peut-être à son ombre. Offrant ce que l'on a déjà, l'épicerie est une singularité architecturale plus qu'un lieu d'approvisionnement. D'ailleurs on n'y trouve jamais personne, si ce n'est l'épicière qui a sa chambre et son lit au centre du magasin. Par ses dimensions et sa forme, l'épicerie ressemble étrangement aux deux petites églises du pays. Des églises sans clocher qui donnent l'impression d'être désaffectées autant qu'elle.

La première, vouée à Tata Rocco, patron des moutons, contient quelques bancs et prie-Dieu en planches mal équarries que les genoux et les fesses des fidèles n'auront jamais le temps de polir ; elle sert surtout d'abri à la statuette du saint. Déjà ancienne (elle fut autrefois apportée par les colons espagnols), cette statuette manquait de couleurs : Tata Rocco était pâle comme un Européen. L'an dernier, un berger décida de le repeindre à l'ocre et au *txapoy* pour lui donner un air plus indien. Il s'enfermait la nuit, sur place, à la lumière d'un bougie, jusqu'au lendemain et rectifiait les couleurs à la lumière du jour.

Le lieu est fréquenté deux fois l'an, au printemps et en automne, lors d'une fête qui rassemble tout le pays. Mais, dans l'église elle-même, les gens n'entrent pas. Ils s'installent en bordure, à même le sol, pour prendre deux repas à base de brebis et rappeler (aux bêtes et aux hommes) que c'est bien leur fête qu'on célèbre.

Le premier repas se tient le soir, à la nuit tombée, alors que la statue du saint patron est dans le chœur et n'a pas encore vu le jour. De la brebis on mange les viscères tressées et la panse bouillie contenant du sang frais. Le second repas a lieu le lendemain à midi. En plein soleil, le saint, attelé au camion du Jeudi, est promené en cortège dans le village. La brebis offre alors ses hauts morceaux, bouillis ou rôtis. Le repas s'achève avec le fromage dont le nom – *pexorino* – rappelle, s'il en était besoin, l'origine.

La seconde église est en construction depuis près de quinze ans. Ses murs de soutien, encore inachevés, laissent entrevoir des plans semblables à ceux de l'autre. C'est "l'église du typhus" : on la promit au Seigneur lors de l'épidémie de 1952. Les villageois s'y rendent en groupe et sa construction est étroitement liée au plaisir d'être ensemble : ces visites impromptues sont l'occasion de petites fêtes au cours desquelles les hommes complètent l'édifice pendant une heure ou deux, généralement en fin d'après-midi et après avoir bu. C'est ainsi qu'à chaque visite, l'église gagne quelques centimètres.

Ces deux églises – l'ancienne et la nouvelle – ont en commun de susciter des fêtes, mais si, dans la première, la fête prolonge le sacré, dans la seconde en revanche, elle le construit, au sens précis du terme. Le lieu sera sacré lorsque la petite église sera finie et qu'on y aura festoyé. Elle sort de terre progressivement, selon un acte de foi inversé : il aura fallu non pas célébrer Dieu pour pouvoir ensuite manger, mais manger pour le célébrer.

Minoritaire dans sa souveraincté, peu visité par les Moutaléros, ce Dieu est l'héritier des Espagnols. Mais il n'a pas l'exclusivité de la vie spirituelle. Préservé, il vit un peu seul dans la maisons contruite pour lui, où les esprits n'entrent jamais. Et, sans doute pour la même raison, les hommes non plus, ou alors très rarement, juste pour s'assurer qu'il est bien toujours là.

30 décembre

Jeudi. J'ai dû terminer ce texte à la hâte pour le remettre au camionneur, qui était en retard, d'ailleurs. Au retour, je suis passé par la chapelle du typhus où l'on fêtait le solstice d'hiver, une sorte de Noël austère, sans dinde ni bûche ; le repas se composait – si je puis dire – de galettes dures abondamment arrosées de chicha.

Nous étions une petite trentaine et j'ai sorti le Nagra (le "cochon"). Pas un chant. Ou du moins pas un chant digne de ce nom. D'ailleurs, personne n'a ajouté de pisé aux murs en construction. La petite fête a été un fiasco, au double sens du terme : on a bu et on ne s'est point amusé.

Nous nous sommes retrouvés à quelques-uns chez Tligmas, au milieu de ses métiers à tisser. Les habits de fête colorés tranchaient avec la monotonie habituelle. La fête consiste bien sûr à interrompre le cours de la vie quotidienne, mais surtout à éviter systématiquement ce qui pourrait l'évoquer. La musique sert en principe à cela, comme la danse et le choix des couleurs : dans les habits de fête, il n'y a aucun marron ni brun qui pourrait rappeler la terre de tous les jours, mais du rouge vif que la nature n'a pas dans sa palette et du bleu indigo que même le ciel ne peut reproduire.

J'ai longuement attendu quelques commentaires sur les silences du jour et des informations précises sur la musique (ou plutôt son ab-

sence). Personne n'a rien dit. Chacun s'était rendu à la fête avec quelques provisions et l'intention de chanter. Mais avec l'intention seulement, car la musique n'a pas été de la partie.

L'histoire des fêtes, c'est l'histoire de leurs ratages, et la musique est la première à faire les frais d'une ambiance exécrable. En même temps, elle accuse ceux qui s'abstiennent : le chant, lorsqu'il reste coincé au fond des gorges, signale un désarroi. Les bouches fermées rappellent qu'il n'est pas l'heure de donner. Chacun se renfermant sur soi, la fête n'est alors qu'un simulacre. Tout se passe comme si elle avait lieu, mais son absence est flagrante.

En désespoir de cause, j'ai extrait de mon sac les enregistrements de 1952 du Révérend Père Duchemin. Intéressé autant par la technologie occidentale que par ce qui peut en sortir, chacun s'est approché. Comme d'habitude, il a fallu écarter les gosses qui touchaient à tout. Tligmas, visiblement émue de trouver autant de monde autour d'elle, occupait les premières loges, le nez sur l'appareil : après six semaines de cohabitation avec moi, elle tenait à marquer sa préséance.

Ces enregistrements, je les connais par cœur à force de les écouter. Ils ont dans ma mémoire l'allure de formes musicales simples ; je me les représente comme une suite de notes tremblées que je peux articuler en phrases et solfier intérieurement sans grande difficulté.

Mais l'écoute partagée est une autre affaire. Dès les premières secondes, Tligmas s'est mise à pleurer. Après deux ou trois mi-

nutes, son beau-père et son mari aussi. Puis les voisins se sont précipités pour y aller de leur chagrin.

Mutayn s'est joint au groupe, hébété. C'est le vieux du village. Vraiment très vieux, il est soutenu par des béquilles aussi vieilles que lui. Mutayn veut dire "mort deux fois". C'est son surnom, car la mort, dit-on, l'a déjà pris une première fois.

La tristesse et les pleurs ont chargé la musique d'une intensité nouvelle. Les chants étaient vécus plus qu'entendus. Tandis que les hommes, naturellement extravertis, ponctuaient leur chagrin de gestes indéchiffrables, les femmes gardaient les yeux fermés, laissant perler de temps en temps une larme sur leurs joues. Puis, en semblant suivre une pulsation intérieure, leur buste s'est mis à osciller de droite à gauche, comme si la musique provenait de leur propre corps.

Je ne comprenais pas les raisons de ce désarroi. Personne n'y apportait de réponse bien claire ; tout le monde reniflait sans contenir ses sanglots et mes questions trop précises ne faisaient qu'augmenter le trouble...

En vain, j'ai cherché quelque astuce pour rompre le silence – car ne suis-je pas là pour entendre, comprendre, exprimer et transcrire ?

Tandis que j'allais renoncer, je compris que tous ceux dont la voix figurait sur les enregistrements du Père Duchemin étaient morts ou disparus. Le magnétophone en ressuscitait violemment la présence : en portant le nom de celui qui la chante, chaque laiyâla *est une âme familière.*

En tant qu'exégète de l'ineffable, je me suis trouvé ridicule ; j'ai dû me contenter de noter le nom des hommes et des femmes que le Nagra avait immortalisés.

Y a-t-il autre chose à chercher, à connaître et à traduire en mots ? Ce soir, j'en doute, car enfoui au fond de l'âme, le chant ne peut s'exprimer que sous forme de chant. Il n'offre pas la clé de son déchiffrement. J'ai le sentiment de n'y pouvoir porter aucune observation, tel un physicien ayant sous les yeux le minerai d'une planète étrangère qu'aucune expérience ne lui permet de comprendre.

11

Le moulin

Outre quelques poissons que les enfants pêchent à la main (mais que personne ne mange), la rivière offre une énergie précieuse : depuis des centaines d'années – et sans doute davantage – la vallée est meublée de petits moulins à eau qui utilisent d'ingénieux dispositifs pour faire grincer une meule en la faisant tourner. La meule et les murs en granit qui l'abritent furent solidement construits il y a quelques siècles. Tant bien que mal, ces moulins ont été remis en fonction et Pedro en assure la maintenance, soignant du mieux qu'il peut leurs défaillances quotidiennes.

Mais, théoriquement, aucun homme en dehors de lui ne fréquente les moulins : seules les femmes s'y rendent pour moudre le maïs de la semaine.

Le moulin est donc le domaine des femmes et le lieu de rencontres furtives : parfois dès le petit jour, les hommes s'y cachent, espérant les approcher le temps d'une mouture ou deux.

Mais, perçu du village, le bruit du moulin dénonce les distraites et les amoureuses : sourd lorsque la meule est normalement alimentée en grains, il devient sonore dès qu'elle tourne à vide. Tout bruit de meule clairement prolongé attire la suspicion car il indique que la meunière abandonne son travail pour une autre tâche. "Ce soir, son mari mangera le maïs en grains", plaisante-t-on...

La coutume devint proverbe : à Qalinext, c'est par l'expression *bu tmrzin* (littéralement "mangeur de grains non moulus") qu'on désigne un cocu.

---

3 janvier

"Si elles vont au moulin, c'est pour gémir leur ventre", dit Pedro. L'expression m'a surprise par sa construction directe ; j'en ai noté plusieurs autres dans mon lexique musical.

Le verbe muhlay *(*muhli *à l'aoriste) s'emploie transitivement et gouverne une série d'actions d'un seul et même ordre :*

muhlay ohul : *gémir son ventre ;*

muhlay ursax : *gémir son cœur ;*

muhlay laiyâlit : *gémir son chant ; produire des sons tremblés, mais aussi les recevoir, ou être à même de les recevoir. Toutes ces expressions peuvent être utilisées métaphoriquement pour désigner l'acte amoureux.*

D'une part, le chant, le cœur et le ventre se rejoignent en ce qu'ils peuvent "gémir". D'autre part, produire et recevoir – et, plus largement, agir et subir – se différencient de façon incertaine (ce qui donne à la métaphore amoureuse une certaine consistance).

Il semble d'ailleurs que, dans le langage courant, le substantif ait moins de poids que le verbe qui le gouverne, et que les expressions désignant le plaisir amoureux et l'acte musical soient interchangeables : l'amour se confond avec le chant tremblé, qui gémit dans le cœur et le ventre.

Cela explique que l'un et l'autre relèvent du même ordre social : un homme ne chante jamais devant sa fille (ce serait une forme d'inceste), ni devant ses beaux-parents, pour des raisons qui en dérivent. Dans le dernier cas, ce serait rappeler de façon indélicate qu'il y a entre eux et lui une relation sexuelle (par femme interposée, si je puis dire). Cela, on le sait déjà ; le chanter reviendrait à tomber dans la redondance ou la vulgarité.

J'ai déjà beaucoup de notes sur la musique. Bien que ce ne soit pas facile, je dois tenter d'en faire une synthèse pour le Señor Director (elle devrait retenir son attention plus que mes histoires de moulin, de bistrot ou d'épicerie !). Le texte auquel je pense sera provisoire, mais j'aurai bien le temps de préciser les choses. Après tout, je ne suis qu'au début de mon séjour !

12

La musique et ses usages

Il semble que les Moutaléros n'aient qu'une seule musique. Une musique vocale stéréotypée du point de vue mélodique et qui sert à la vie de tous les jours : au travail, à la cour d'amour, aux berceuses, mais aussi à la danse, aux fêtes saisonnières, aux grands rituels (funérailles et mariages), et même aux exercices de divination.

Avec le bois des arbres – et notamment des grands *tcharapamos* – ils avaient autrefois construit des flûtes, mais, sur leurs nouvelles terres, les arbres ne poussent pas : les hautes collines n'offrent qu'un bois ligneux qui s'effiloche sous le couteau.

Ils se contentent donc de chanter leurs airs d'autrefois. Les flûtes sont encore dans la mémoire des plus âgés, mais leur souvenir semble s'être fossilisé avec les bois qui leur donnèrent naissance. Et, quand bien même elles seraient là, le souffle manquerait, et l'esprit aussi.

Quoi qu'il en soit, c'est le chant qui occupe désormais les gens de Qalinext, accompagne leur solitude ou consacre leurs exercices collectifs, emplissant aussi bien les espaces lumineux du plateau que les réduits obscurs (la cuisine notamment).

Chacun, à sa façon, est chanteur, comme chacun sait marcher ou courir. Non que l'on s'égosille constamment, bien au contraire ; mais la vie de tous les jours, faite de moments passés au bistrot pour les hommes, et aux champs ou à la maison pour les femmes, donne lieu à de petits airs tristes et sans paroles. Parfois, on les sifflote ; ce sont plus des épures de mélodie que des chants proprement dits ; chacun se les fredonne à soi-même et personne n'y prête grande attention. Les gens sont d'ailleurs étonnés de s'entendre dire qu'ils chantent. "Ah ? je ne le savais pas !", semblent-ils répondre lorsqu'on en fait la remarque.

Leur voix est animée d'un léger frémissement. Plus qu'une voix, c'est un souffle qui ne prend jamais d'ampleur et sort incidemment de leur gosier, comme l'image apparente d'une pensée musicale sans cesse entretenue. Quelques notes émergent de temps en temps, puis, à la façon de la rivière de Qalinext qui par endroits disparaît sous la montagne pour resurgir quelques kilomètres plus loin, la mélodie s'interrompt avant de déboucher sur une cadence finale.

Durant les fêtes, le chant devient différent. Les voix prennent une vigueur inattendue et se délient soudain pour emplir tout l'espace. Mais entre l'exécution privée, volontiers discrète, et l'exécution publique où, dans les moments communautaires, chacun fait tout ce qu'il faut pour se faire entendre, il existe de nombreuses situations intermédiaires. À l'enfant calme, une maman soufflera son chant dans une sorte de murmure. Mais qu'il devienne turbulent, et le ton va monter. La voix de la mère l'enveloppe alors dans un bain sonore, le recouvrant en quelque sorte de sa musique et bloquant toute initiative capricieuse avant même qu'elle s'exprime.

Les pratiques chamaniques utilisent la même technique d'immersion musicale : les paroles émergent d'un large flux sonore dont elles tirent leur pouvoir de prédiction.

C'est ainsi que le sens naît de la musique et qu'à la façon des rires et des pleurs alternant au fil des jours, la mélodie moutaléra change de nature et de signification selon les circonstances et l'intention qu'on y met.

---

11 janvier

À ce jour, j'ai observé leur musique d'ensemble lors de petites fêtes familiales où les chants s'entrecroisent dans une pulsation à la fois régulière et souple. Les chanteurs suivent un rythme sous-jacent, mais conduisent leur partie sans cacher leurs divergences, comme s'ils n'avaient à rendre de comptes qu'à eux-mêmes. Leurs yeux fermés confirment encore cette impression. Le résultat est un mélange d'hétérophonie contrôlée et de polyphonie spontanée...

Trois jours de recherche sur le rythme qui n'ont pas abouti. Sandro et Pedro ne comprennent pas mes questions. Faire est un art, et dire en est un autre. À quand le mariage des deux ?

Ces chants logent d'étranges êtres obscurs et l'acoustique n'est qu'apparence. Par essence, mon Nagra ne parvient pas à les saisir.

Alors, pourquoi passer tant de temps à faire des enregistrements ? Pour quel genre d'inventaire ? Les sons que chaque jour je transcris fidèlement sur des portées musicales ne sont qu'un support. Ils servent de prétexte à ceux qui les chantent et dissimulent des choses dont je ne sais rien. Le sens de la musique est ailleurs.

Que puis-je faire ? C'est-à-dire que puis-je faire d'autre, en face d'êtres sonores qui se perdent dans la tête de mes gens et dont les confins réels m'échappent ?

Collecteur de mélodies rares, je suis dans la situation du numismate incapable de connaître la véritable valeur de ses collections antiques. Une drachme : dix jours de travail pour un paysan crétois ? le produit d'un troc avec un marchand vénitien ? Pour quel projet ? l'achat d'un troupeau convoité ? un voyage ? un futur exil ? Nul ne sait. Ceux qui avaient l'usage de ces pièces d'argent ne sont plus... Contrairement à mes chanteurs, propriétaires de choses ineffables qu'ils thésaurisent sans en parler.

13

Naissance musicale

Sitôt qu'une maman moutaléra s'apprête à mettre au monde un petit Indien, toutes les femmes du village se précipitent à son chevet, non pour l'aider dans sa dernière phase de travail, mais pour se tenir prêtes à l'arrivée du nouveau venu et lui faire savoir que le monde où il vivra désormais est sonore et dangereux.

Il est sept heures et, en cette fin d'après-midi, les hommes sont au bistrot. Regroupées dans la cour de la maison, les femmes ont défait leurs cheveux. Certaines parlent, d'autres chantent une longue mélodie familière. Les mots déformés par le chant, autant que leur attitude, traduisent un certain désarroi : elles attendent la naissance dans le plus grand désordre.

Lorsqu'elle est annoncée, un mouvement général s'amorce : tout en chantant, les femmes se disposent en file (indienne), puis s'approchent de la mère et de l'enfant, avant d'encercler l'une et l'autre par une danse à petits pas. Sitôt que le cercle est formé, le chant se stabilise et les pas marquent une cadence qui, jusque là, restait cachée.

Soudain, une femme engage un mouvement différent : son corps s'affaisse et, penché vers l'avant, le buste tout entier incurve progressivement le cercle. La ronde alors se brise, de l'extérieur vers l'intérieur, les femmes s'enroulent en une longue spirale, jusqu'à atteindre le centre où se tiennent la mère silencieuse et l'enfant abasourdi.

Le chant s'exécute maintenant sans pause ni respiration. Devenant circulaire à son tour, il s'affine et se resserre encore sur le nouveau-né et, tandis que les paroles semblent se perdre en un son continu, la mélodie prend l'allure d'une mélopée inarticulée.

Au bout d'une demi-heure, et comme éveillée par l'onde sonore qui la touche, la mère prend le relais de ses compagnes. Portant l'enfant à son visage, elle murmure à son tour la mélodie des femmes. Celles-ci alors se retirent. Leur travail est fini. La mère reste seule avec l'enfant, jusqu'au retour du père, habituellement éméché à sa sortie du bistrot.

---

18 janvier

J'ai pu enregistrer cette longue cérémonie en entier. Elle comprend deux phases : avant la naissance, les femmes sont en ordre dispersé et leurs chants, fréquemment interrompus, sont composés de paroles distinctes. La confusion et un certain effroi se lisent sur les visages.

Puis, avec la naissance, survient un nouvel ordre : disposition en cercle puis en spirale et recentrement sur le nouveau-né devenu en quelque sorte cible sonore. Ce mouvement semble symboliser une naissance inversée : sortant du ventre de sa mère, le nouveau-né découvre un espace que, progressivement et régulièrement, les femmes referment dans un mouvement commun, par ondes concentriques. En même temps, le chant se simplifie et s'ordonne : il devient continu et finalement perd ses paroles. Masquées par la diction chantée, celles-ci se font obscures, y compris pour Pedro, qui déclare ne pas s'y intéresser car "c'est l'affaire des femmes".

Consultée sur la question, Tligmas n'a pas été très loquace non plus. Elle n'a jamais eu d'enfants et, à ce titre, ne participe pas à la "spirale des femmes". "Avant la rwta, *on chante pour des génies qui font peur, dit-elle. Il faut qu'ils connaissent notre chant, comme cela, ils sauront que l'enfant est à nous. C'est leurs noms que l'on chante. Des noms que les* gringos *ne connaissent pas (sous-entendu : "qu'ils n'ont pas à connaître"). Ce sont les génies des bois..." J'ai objecté : "Mais il n'y a pas de bois à Qalinext !" "Évidemment, s'est insurgé Pedro d'une voix forte (chez lui, l'assurance du ton tient lieu d'argument), c'est bien parce que le bois fait défaut que ces génies sont dangereux." Puis, après un silence, il a ajouté : "C'est la même chose pour nous. Nous n'avons plus de bois ; voilà pourquoi les choses vont si mal !"*

Pedro a repris sa phrase, marqué un silence, puis il l'a répétée en-core... C'est comme cela qu'on parle à Qalinext. Je me demande si cette langue, que je maîtrise un peu mieux chaque jour (il m'est possible maintenant de tenir de petites conversations sans passer par l'espagnol), ne partage pas les propriétés de la musique.

14

Langages

Pedro a répété sa phrase, marqué un silence, puis il l'a dite encore... À Qalinext, la langue, comme la musique, a souvent recours à la répétition, comme si une sentence isolée ne suffisait pas à porter le sens et que chaque redite devait le confirmer.

Mais en vérité, cette redite n'en est pas une car, sous la phrase identique qui le figure, le sens n'est pas inerte. Il progresse de façon insidieuse, sans que l'on s'en rende compte. L'immobilité n'est qu'apparente – c'est celle de l'émouchet et du *tamandua* exécutant à l'arrêt les gestes nécessaires à leur survie. D'une part, la réitération donne aux choses une valeur de certitude, d'autre part, la durée (ou le simple temps qui passe) colore chaque énoncé de façon différente, avant une pause survenant quand on l'attend le moins et tenant lieu de conclusion. Un premier cycle s'achève alors. Puis le silence, à son tour, se brise pour ouvrir le champ a d'autres phrases gigognes. Ce qui donne au discours la force d'une incantation.

C'est ainsi que s'exprime Pedro et c'est sans doute pour cela qu'on l'écoute. À Qalinext, la digression (ou la parenthèse) ne fait pas partie de l'art oratoire : rien de ce qui se dit n'est secondaire et le sens se laisse déchiffrer, inlassablement, par des mots dont l'usage inspire trop de respect pour que s'y glisse le calembour ou que s'y engouffre l'absurde. Et lorsque l'auditeur occidental – le *gringo* – sent le hiatus ou perçoit l'anacoluthe, il ne doit pas incriminer la logique, mais s'interroger sur l'existence de contiguïtés qu'il ignore. Car il ne peut percevoir les significations multiples que contiennent les mots. En profondeur et par lames successives, ces mêmes mots viennent heurter sa tête... et s'y brisent, comme les vagues sur la lourde coque de la *Santa Maria* de Christophe Colomb.

Mais il arrive aussi que la contradiction éclate au grand jour et que la pensée soit piégée par la dialectique. Dans ce cas, le discours fait moins injure à la raison qu'il ne privilégie les rapports contrastés, comme ceux d'un tableau sous le pinceau rigide d'un peintre naïf.

C'est ainsi que les couleurs blanches et noires des plumes de l'*alqqamari* servent de métaphore pour indiquer l'amertume, la nostalgie ou encore la candeur. Cet oiseau est riche de sens et, derrière le faisceau d'images auquel il donne lieu, il ne faut pas voir de l'incohérence, mais un goût baroque pour le contraste, qui soumet la logique aux règles de l'esthétique... un peu comme dans la composition musicale.

Et si – à Qalinext comme ailleurs – la langue s'apparente à la musique, c'est autant par ses propriétés formelles (répétition, recours à la symétrie, technique du phrasé, etc.) que par la place qu'y occupent la rhétorique et l'éloquence. Au point que l'art oratoire – cet étrange mélange de certitude intime et de technique d'élocution – se confond avec l'art musical. Voire avec l'art tout court.

---

24 janvier

"Ici, la vie est toujours identique, dit Pedro. Chacun fait les mêmes gestes chaque jour et si la musique se répète, c'est parce que les choses de notre vie se répètent aussi. Toi qui poses des questions sur tout, n'y cherche pas d'autres explications. Ces chants sont les nôtres et nous appartiennent comme le cri du busard au busard et celui de l'acreptal à l'acreptal. Et ceux qui laissent échapper leurs chants de leur mémoire vont à leur perte."

Le récit de Pedro *(transcription partielle)*

"À mon retour du Geras – et comme on le fait toujours pour ceux qui re viennent de voyage – on organisa pour moi une fête. On me demanda de chanter devant tout le monde, car c'est devant tout le monde qu'on doit chanter. Mais, ce soir-là, j'ai entonné la laiyâla *des femmes et j'ai "gémi" le chant d'Alma... Tous ont ri, pensant que j'avais pris les mœurs du renard cendré et que j'étais devenu efféminé ; ma femme s'est mise à pleurer. Alors, j'ai chanté ma* laiyâla *– celle que tu as écrite sur du papier. Toute la nuit, je l'ai chantée et j'ai dansé la* rwta... *et j'ai tant bu qu'au matin on m'a cru mort.*

Le lendemain, au bistrot, chacun me regardait comme un étranger et comme si j'étais né de la veille. On ne voulait pas me parler. Sans doute pensait-on que mon absence m'avait fait perdre la mémoire, alors que c'était tout le contraire.

*C'était le contraire de ce qu'ils croyaient, car durant mon exil, mon âme (*awul*) n'avait pas quitté Qalinext : je connaissais les terres travaillées par Bixad, les bêtes soignées par Sandro et je savais ce dont souffrait Alma : il n'y avait pas de jour où je ne chantais ma* laiyâla *pour rappeler les histoires de chez nous. Durant mes rêves, les noms de ceux qui mouraient m'étaient révélés le jour même de leur mort. De sorte qu'à mon retour, on n'avait rien à me dire. Rien à me dire, car je savais déjà tout. Ce savoir finit par m'accuser : on mit en doute que j'avais vraiment quitté le pays ; on m'accusa et on accusa la magie...*

J'allai donc consulter Charango, le chaman. J'avais la maladie de la mémoire. Et puisque, au Geras, une partie de moi était restée ici, on pouvait craindre que, de retour au pays, une partie de moi serait restée au Geras, comme la chenille des bois qui, coupée en deux, continue d'être un seul animal sans savoir qu'elle vit dans deux corps. Charango me fit manger des chenilles vivantes en me demandant de ne pas les croquer pour qu'elles restent entières dans mon corps..."

C'est avec des chenilles vivantes qu'à Qalinext, on soigne les voyageurs, les maquisards et les exilés. Ces exilés, je les vois tous les jours au pays, et je peux observer les dégâts de l'émigration, lisibles sur leur visage et proportionnés à la durée de l'absence.

PEDRO : de ses trois ans dans les mines du Geras a rapporté des maux de ventre qu'il ne parvient pas à guérir (mais qui n'entament pas son énergie).

SANDRO : sept ans d'exil dans les basses terres. Boit plus que tout le monde et travaille beaucoup moins. Toujours fatigué. Sous le regard éteint, je lis le long déracinement.

SAMPRAS : douze ans émigré dans une usine pétrochimique au Honduras. Ne participe à aucun travail d'entraide. Vit d'une petite somme qu'il reçoit chaque mois (mais qu'il ne partage pas). Fréquente tous les jours le bistrot, surtout pour y dormir. A toujours l'air malade et me demande sans cesse des médicaments que je ne peux lui donner. Parle peu et ne chante plus. Ses yeux ont perdu tout éclat, comme s'il avait été absorbé par les murs opaques de l'usine qui l'employait.

Chez les enfants de Pedro et les autres gosses du village, un rêve, toujours le même : partir.

15

La danse

La danse moutaléra la plus commune est la *rwta*. C'est une ronde que l'on danse à différentes fêtes et qui peut donner lieu à diverses figures géométriques (ovale, ellipse, spirale etc.).

Son exacte synchronie laisse croire que le cercle s'anime seul, sans le concours de personne, comme une roue ancestrale qui aurait été créée en même temps que le monde.

Danser, c'est d'abord entrer dans la *rwta* sans gêner son lent déplacement. Hommes et femmes, en paires alternées, se tiennent côte à côte, épaule contre épaule, leurs mains ne se touchant pas. Chacun "prend le pas" de celui qui est à son côté ; l'ordre est quasi militaire.

Cette danse a de quoi dérouter le chorégraphe amateur de virtuosité, autant que le voyageur en quête d'élégances inédites. C'est un art de statuaire ; les bras des danseurs sont strictement immobiles, le buste rigide, la tête droite ; les pieds, semble-t-il, ne dépendent pas du reste du corps, mais s'y rattachent en gardant leur autonomie. La raideur du maintien, l'immobilité du buste, la mécanique des pas, rien n'évoque la grâce futile.

Les danseurs ne cherchent pas à s'envoler par des entrechats et des sauts audacieux ; ils rappellent de tout leur corps l'inexorable force de la pesanteur. Car danser, c'est d'abord affirmer un lien étroit avec la terre, et la marteler de façon répétée. Le mouvement n'est pas orienté vers le haut pour créer une illusion de liberté, mais vers le bas, pour rappeler que la danse naît de la marche et utilise ses appuis. Mais, contrairement à la marche, le déplacement est ici à peine marqué : le geste, étroitement stylisé, se cantonne dans un espace drastiquement réduit. Dans cet art minimal, chaque mouvement prend une ampleur insolite et le corps, à la façon d'un orchestre jouant en sourdine, laisse entendre qu'il a de la puissance en réserve.

Tout participe d'une économie où la nuance devient contraste, la variation changement et la moindre figure bouleversement.

Aucune excentricité, donc, dans cette sorte de théâtre Nô où, selon un étrange équilibre, l'aisance se conjugue avec l'effort et la liberté avec l'exactitude...

1ᵉʳ février

"Prendre le pas" (artxag n-passu*) : lors de l'enquête, je me suis interrogé sur cette expression et sur sa traduction.*

Le verbe conserve ici son sens premier, car "prendre le pas", c'est, pour un homme, s'engager au côté de sa voisine. Dans la rwta, *on prend le pas en même temps que sa place dans la danse : cette place confirmant le droit, chacun veille à se mettre où il faut. Mariés et fiancés sont strictement appareillés. Les célibataires, les veufs et ceux qui ne sont pas accompagnés remplissent les interstices et semblent ne pas avoir une place nettement assignée : cette mobilité trahit encore leur statut incertain.*

En conduisant les différentes figures, Pedro a ouvert le bal (on dit ici qu'il "ferme le cercle") : il n'a pas l'habitude d'économiser son énergie et prend volontiers les responsabilités qui touchent à la vie collective. Dans la danse des femmes, c'est plutôt Sandra, la jeune sœur de Tligmas, qui tient ce rôle.

À sa gauche se tenaient les vieux. Chez eux, la rwta *a la simplicité d'une épure, comme si leur corps s'était délesté de ses mouvements inutiles. À la façon des peintres dont les dernières toiles traduisent l'essentiel de leur art, ils se contentent d'esquisser les figures de la danse et d'en souligner de temps en temps la métrique familière.*

Puis, accrochés à eux comme aux branches d'un arbre généalogique, se tenaient leurs cadets. Le cercle enfin se refermait sur les plus jeunes, à peine entrés dans l'âge pubère.

Pour "ouvrir le bal", Pedro a chanté sa laiyâla, *bientôt suivi par tous les autres qui en ont souligné la cadence. La danse s'est progressivement mise en branle, puis le chant est passé à Bixad, à Tsango et aux autres hommes. En offrant sa propre mélodie au soutien des danseurs, chacun rappelait avec vigueur sa présence dans la danse. Murmurant du bout des lèvres les cadences musicales, les femmes, quant à elles, rappelaient les limites de leur rôle : dans la* rwta *ordinaire – celle des petites fêtes qui échappent au calendrier et ne concernent ni la naissance ni la mort – elles restent toujours au second plan.*

Tligmas était à côté d'un homme (cette fois, il s'agissait bien de son mari), Alma dansait, mais sans chanter. J'ai pris en note la position de chacun pour obtenir le tableau détaillé des familles du village.

Le système de paires alternées ne manque pas d'astuce :

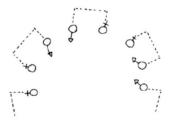

il oblige chaque homme à se tenir à côté d'une seule femme et chaque femme près d'un seul homme. Le dispositif est bien propre à éviter les conflits !

Après la *rwta*, vient la *tichi-ticha*. C'est une autre danse, en couple celle-ci, qui installe les hommes et les femmes dans des rapports tout différents. Elle est originaire de la ville et sa chorégraphie hésitante laisse supposer qu'elle a été récemment empruntée. On en est encore à l'élaboration des principes. Les couples se font face, comme surpris de se voir disposés de la sorte. Les femmes, à leur habitude, ont les yeux baissés. Ce qu'elles trouvent de mieux à faire est de tourner sur elles-mêmes, comme pour éviter le regard frontal de leur partenaire. Le mouvement n'a aucun naturel ; il marque seulement la pudeur. Et c'est en cela que réside son charme.

Les danseurs semblent constamment mesurer la distance qui les sépare ; les bras, en tournant, interdisent le corps à corps. Chez les femmes, le mouvement souple des mains souligne une certaine coquetterie. "Je suis belle", disent les mains d'Alma lorsqu'elle danse. "Ne t'approche pas !" disent ses bras.

1ᵉʳ février (suite)

Je n'ai pas eu le temps de terminer mon récit. Je l'écrivais lorsque le camionneur, ne me voyant pas au courrier, a débarqué chez moi, très gentiment. Il n'était pas question de le faire attendre, d'autant qu'aujourd'hui c'est jour de grande foire. Le camion était bondé et, bien qu'exposés au soleil de midi, les paysans n'osaient pas en descendre de peur de perdre leur place.

Tous ont souri en me voyant arriver avec mon texte à la main, le crayon encore sur l'oreille. J'ai senti de la considération et de l'amitié dans leur regard : "Cinquante grammes de papier gringito valent bien un peu d'attente", semblaient-ils dire.

Pourtant, aucun d'entre eux ne sait écrire ni lire : personne n'a trouvé le temps de leur apprendre en cinq cents ans d'histoire.

16

Disputes de femmes

De temps en temps, le soir, c'est la dispute des femmes. Elles s'abîment à distance dans des joutes d'injures interminables, en litanie descendante, sans quitter la cour de leur maison, et souvent même sans interrompre leurs activités domestiques. Le principe de cette polyphonie primitive est simple : il faut couvrir la voix de l'adversaire (qui est aussi une partenaire) et synchroniser ses cris de façon à rendre indéchiffrables les paroles de l'autre. La première à lâcher prise n'est pas celle qui est à court d'arguments, mais, plus simplement, celle qui perd sa voix : elle se casse, manquant soudain de volume, ce qui permet à l'autre de prendre le dessus.

Les hommes connaissent la chanson et en prédisent les paroles. Ils font le gros dos, sachant d'ailleurs que s'ils se mêlent à la dispute, ils seront immédiatement pris pour cibles. Mais les chiens du voisinage ne l'entendent pas de cette oreille et hurlent à leur tour, ce qui rend l'affrontement plus public encore.

Si, par souci ethnographique, on demande à une femme les raisons de cette dispute, elle répond : "Ce n'est rien, ce sont des Moutaléras qui se battent."

Par son caractère tautologique, cette réponse est suspecte. Certes, elle vise à écarter le curieux d'affaires qui ne le concernent pas, mais tient surtout à faire croire que la colère n'est pas d'origine locale : c'est un accident de la nature qui, le soir, tombe sur les femmes, comme en été l'orage sur la vallée.

Les disputes d'hommes ont un caractère bien différent : elles ont lieu au bistrot et non à la maison et ne sont jamais duelles. Elles ponctuent les parties de cartes et leur réussite s'évalue au nombre d'intervenants impliqués dans l'affaire ; on s'arrange toujours pour que les petites querelles à deux sous profitent à tous.

C'est ainsi que les débats de Qalinext s'entrecroisent et forment des réseaux inextricables ; aggravant soudain la fatigue du soir, seule la *chicha* peut en venir à bout.

---

8 février

Dois-je le préciser ? Dans les palabres d'hommes, l'accord par consentement mutuel n'a aucune valeur. Il n'est qu'une pause temporaire. Le véritable accord exige l'assentiment de tous et suit un affrontement général où chacun a son mot à dire.

C'est bien ce qui s'est passé hier, lors d'un débat au bistrot où j'ai été consulté (c'est d'ailleurs la première fois que cela m'arrivait et j'en ai tiré une certaine fierté !).

Il s'agissait de Tsango. Ou plutôt de son vacher qui s'était endetté auprès de lui. Tsango avait accepté assez facilement de différer cette dette, tout simplement parce qu'elle était normale et qu'elle avait pour cause la mauvaise saison.

On aurait pu croire la discussion close, mais justement, hier, Pedro a évoqué une dispute qu'il avait eue avec sa belle-mère et au terme de laquelle sa femme est partie. Les débats se sont donc prolongés, jusqu'à ce qu'on donne tort à Pedro pour ses problèmes conjugaux. Du même coup, on en est venu à donner tort à Tsango pour son histoire de dette que seul un esprit superficiel aurait pu croire réglée !...

Il y a quelques mois, j'étais surtout sensible aux jeux apparents du bistrot : les cartes, l'alcool, etc. En fait, le bistrot est la véritable structure politique des Moutaléros. Ce n'est pas un lieu de rapports de force (comme le bar calabrais), ni un espace de palabres à l'africaine, mais un mélange des deux. On y trouve à la fois des marques de préséance permettant à quelques hommes d'exercer leur autorité (Pedro et Bixad par exemple) et des règles démocratiques où la discussion plénière influe sur la décision de chacun. Dans ces réunions d'hommes, aucune coutume n'échappe au débat, et sans doute le débat est-il là pour produire de la coutume.

C'est ainsi que chaque jour la culture se façonne de l'intérieur ; quoi qu'en dise Pedro, elle n'est pas immobile. À la façon d'un cerf-volant qui a besoin de courants ascendants autant que du fil qui le tient, elle existe par le souffle de ceux qui la vivent et sous la fermeté morale de quelques-uns. Sans courant d'air, un cerf-volant ne décolle pas. Mais si, par accident, le fil se casse, il devient fou. Il lâche le ciel qui le soutient et tombe à terre...

Ce jeudi n'est pas comme les autres : voilà plus de trois mois que je suis là et, pour la première fois ce matin, le camionneur m'a apporté du courrier. Il provenait de Ciudad Guatemala. L'enveloppe, couverte de tampons de toutes formes et de toutes couleurs, en exagérait l'officialité. Je l'ai ouverte fébrilement : j'y ai trouvé la photocopie pâle et presque illisible de mes trois premières rubriques ethno-littéraires traduites en espagnol. Pas un mot d'accompagnement, pas une remarque, pas une critique. Le directeur n'est guère cordial ! Je ne sais si je dois interpréter ce silence épistolaire comme de la désinvolture, de la désapprobation ou du manque d'intérêt. Les gens mesurent mal à quel point la solitude peut être décourageante...

L'enveloppe contenait aussi une carte postale que je m'étais adressée de Paris. Je m'y souhaitais bonne chance. J'ai observé ma propre écriture un long moment, comme pour me persuader qu'aujourd'hui elle n'est plus la même.

Le monde extérieur me renvoie à moi-même – la carte postale représente la Tour Eiffel. Tligmas n'y reconnaît pas la tour : elle ne parvient pas à s'imaginer qu'on puisse représenter des êtres ou des objets sur des petits cartons.

"Ce n'est pas là que les choses existent", s'est-elle contentée de déclarer.

17

La mort de Sampras

Sampras est là. C'est le même qu'il y a trois jours, mais cette fois, il est mort.

On l'a trouvé au bistrot où il s'était assoupi un peu plus que de coutume, sur sa table, les bras en croix. Depuis quelques semaines, ses siestes prolongées écourtaient ses séjours au bistrot : il n'y prenait même plus son tour aux cartes et suivait les parties, l'air béat, avec un sourire toujours embarrassé de salive.

"Tu baves trop, lui disait-on, un jour cela finira mal." Il a eu une dernière crise d'épilepsie, plus violente que les autres, a avalé sa langue. Puis il est mort. "Il faut toujours tenir sa langue", s'est contenté de dire Pedro qui pratique parfois l'humour noir.

C'est la première fois de sa vie que Sampras a une si belle fête. Allongé à même le sol sur un tapis de fleurs, il est vêtu de blanc, contemplé comme il ne le fut jamais. Autour de lui sont entassées quelques galettes de pain dont les femmes corrigent sans cesse l'agencement géométrique et qui donnent l'illusion de la richesse. Une partie sera consommée sur place, l'autre est destinée à accompagner le mort dans l'au-delà.

Mais à l'occasion de ses funérailles, Sampras est un bouc émissaire. Si on l'honore, c'est d'abord parce qu'on se passe de lui ; peut-être les mesquineries qu'on lui reprochait de son vivant invitent-elles à ne pas évoquer son souvenir ? En d'autres termes, à rester avec les siens.

À sa droite, se tiennent les hommes, à sa gauche, les femmes. Les premiers parlent sans arrêt. Non qu'ils soient insensibles à la mort de leur compagnon, mais ils signifient avec emphase qu'en son absence, la vie continue – d'où la banalité toute quotidienne de leurs propos.

À l'inverse, les femmes semblent affirmer que la vie s'est arrêtée et le proclament de la voix et du ventre. Leur cri mortuaire est l'écho de celui par lequel elles enfantent : il gonfle leur chant de leur douleur, et le déforme au point d'en rendre le contour mélodique indéchiffrable.

Au troisième jour, elles chantent :

> *Il dort, il pue, il est déjà décomposé.*
> *Ne traverse pas la rivière quand l'eau*
> *est trouble.*
> *Plus rien désormais ne sera visible.*
> *Il nous a abandonnés, il reste*
> *dans nos rêves.*
> *Tissons ensemble notre laiyâla.*

La mort est la spécialité des femmes qui n'ont pas d'enfants, et en particulier celle de Tligmas. Dès qu'elle entend les vociférations des femmes, elle se rend à la maison du défunt, pour faire sa toilette, entretenir le feu, brûler de l'encens (du *pom* qui dégage un parfum âcre et doux), et surtout pour chanter.

Le premier soir, les chants contiennent peu de paroles. Comme ses compagnes, Tligmas en cette occasion s'habille de blanc et défait ses cheveux. Sur place, elle mêle sa douleur à celle des autres avec des cris puissamment modulés, proférant le nom du mort – le sien et quelques autres. En ces circonstances, les femmes oublient volontiers celui qui vient de mourir pour s'adresser à leurs propres défunts : mari, frères, amants et autres êtres chers récemment disparus. Celui qu'elles viennent honorer une dernière fois leur donne ainsi l'occasion d'épancher une douleur toujours prompte à sortir.

Le deuxième soir, les chants sont plus doux et plus harmonieux, comme si chacun faisait l'effort de s'accorder aux autres. La bière et l'alcool sortent alors de leur réserve, et les hommes aussi : encastrés à la façon des pierres d'un édifice prêt à s'effondrer, ils prennent appui les uns sur les autres, chantant face à face, parfois visage contre visage.

Le calme revient seulement le dernier soir. Sampras et sa fête ont épuisé tout le monde. Les relents de bière et de *pom* ne parviennent pas à masquer les premières putréfactions. "Il dort, il pue, il est déjà décomposé..."

Aux heures tardives, chacun a les traits tirés et veut rentrer chez soi. Les femmes refont alors leurs nattes et le chant s'allonge en une interminable cantilène. C'est que la mort est désormais lointaine, anecdotique et distanciée. Ou plutôt, elle est à sa place, tandis que Sampras va rejoindre la sienne, sous un tumulus de terre, derrière la maison.

---

15 février

Durant ces trois jours, Tligmas a beauccoup chanté. Elle s'adressait à Sampras avec une passion qu'elle ne lui a jamais manifestée de son vivant. Habituellement si réservée, elle était soudain bavarde. Par son chant elle exhortait ses compagnes. Mais ses mots étaient ceux de tous les jours et décrivaient ce qu'elle avait sous les yeux : elle a énuméré les sacs de maïs de la réserve à grains et loué la bonne tenue de la maison. Puis elle a félicité le mort pour sa richesse (où a-t-elle vu cela ? il était pauvre comme Job). Pour finir, elle a souhaité longue vie à ses enfants.

"Pourquoi, dans tes chants, as-tu évoqué les enfants de Sampras ? Il n'en a jamais eu." Ma question est maladroite et l'entretien mal engagé. Tligmas ne répond pas. À longueur de journée, elle s'entend reprocher de ne pas avoir d'enfants ; pourquoi faut-il qu'un étranger le lui rappelle ?

Ses explications sont toujours laconiques mais jamais imprécises. Elles seraient même trop denses et procéderaient d'une ri-

gueur où tout est dit en peu de mots. Paradoxalement, ce sont mes questions qui introduisent des confusions. Que de fois ai-je commis l'erreur de l'interroger alors qu'il suffisait d'être plus attentif à ses réponses ?

C'est ainsi qu'elle a longtemps affirmé ne chanter qu'une laiyâla, *celle des femmes. Pensant la mettre en difficulté, je lui ai demandé : "Mais hier, n'as-tu pas chanté celle de Sampras ?" (pour formuler ma question, j'ai utilisé le verbe* muhlay, *qui signifie 'chanter, crier, gémir').*

"On ne dit pas 'gémir' pour un mort, a-t-elle corrigé : les laiyiâli *des morts, on les 'tisse'* (ahwil) *; durant trois jours, nous avons tissé la* laiyâla *de Sampras... comme il l'avait tissée lui-même durant sa vie, et de la même façon qu'on avait tissé le* hui-pil *qu'il portait tous les jours."*

Mon erreur l'a amusée ; elle a ri en baissant la tête : "Tisser et gémir, cela n'a rien à voir, a-t-elle dit ; les mots eux-mêmes n'ont rien de commun."

Et ce soir, lorsque des voisines sont venues à la maison pour demander à Tligmas des nouvelles de "son" gringo, je l'ai encore entendue rire de mes bourdes et raconter par le menu mes enquetes hésitantes.

Il n'en reste pas moins que ma logique et la sienne ne se recoupent pas. Pour moi, qu'ils soient "tissés" ou "gémis", les chants appartiennent à la même espèce, et je suis justement frappé que, du point de vue rituel et musical, la mort et la naissance se ressemblent : les deux cérémonies durent trois jours, commencent par des cris désordonnés et aboutissent à un retour au calme que traduit la musique. Mais à partir de là, leurs mouvements s'inversent. Une naissance s'accompagne des seules laiyâli *des femmes (n'est-ce pas elles qui enfantent ?) et l'espace se resserre autour du nouveau-né dans une spirale concentrique. Dans la cérémonie funéraire, cet espace, au contraire, s'ouvre et s'élargit selon un certain ordre :*

– le premier jour, les chants traduisent la douleur ; ils sont à la première personne. La mort est d'abord un désordre et les femmes ont défait leurs cheveux ;

– le deuxième jour, les chants s'adressent au défunt. Ils sont à la deuxième personne. Ils célèbrent ses attributs et vantent ses mérites ;

– le troisième jour enfin est une remise en ordre générale (les femmes ont refait leur coiffure en tresses serrées et régulières) ; la mort se conjugue à la troisième personne : elle retourne à sa dimension impersonnelle. Déjà passée et, pour tout dire, froide, elle n'est plus qu'une odeur.

P.S. Le tressage, le tissage et la mort ont d'autres conjonctions. Pour les femmes, la durée de la vie a pour cadre celui du métier à tisser qu'elles ont tous les jours sous les yeux. Elle s'évalue à la production de huipil, *d'*ajssu *et de couvertures qu'elles trament au fil du temps. Lorsqu'une femme meurt, les pelotes qu'elle a enroulées de son vivant sont entièrement déroulées, puis consciencieusement ré-enroulées par ses sœurs, compagnes ou voisines, comme s'il s'agissait, par ce geste, d'inverser le cours d'une vie brutalement interrompue.*

18

Le chant de Bixad

À la nuit tombante, tel le héron des basses terres, perché sur des jambes beaucoup plus longues que celles de ses congénères, et seul comme l'amiral d'une flotte que les hasards de l'Histoire auraient fait sombrer, Bixad, les yeux mi-clos ou fermés, ne chante qu'une mélodie – la sienne – d'une voix grave et sur un tempo lent.

Il arrive que sa femme la chante aussi, mais seulement en sa présence. C'est un droit qu'il semble lui accorder. Il la soutient alors en frappant ses grosses mains lentement l'une contre l'autre. Laissant croire qu'elle ne saurait chanter sans son appui, il donne l'impression de révéler un rythme qui n'appartient qu'à lui.

De même qu'il possède la maîtrise du chant, suggérant ici un *rubato* plus accentué, là une douceur particulière dans la pose de la voix, de même a-t-il l'exclusivité de ses commentaires. Sitôt que sa femme s'arrête, il revient sur le chant et, à la façon d'un contremaître connaissant les étapes et le déroulement du travail qu'il dirige, il commente ses erreurs de style. Avec douceur et courtoisie.

109

Bref, c'est de "sa" mélodie qu'il s'agit ; il semble en être l'unique propriétaire. D'ailleurs personne ne la lui emprunte sans son accord, qu'il donne après l'avoir longuement circonstancié.

Si on lui demande d'autres chants, il marque son étonnement par un silence accusateur. Il n'en connaît pas. Comme ses semblables, il n'a en tête qu'une mélodie : il l'a choisie l'année de son mariage et estime qu'il n'a pas plus de raison d'en changer que de changer de femme. La fidélité est d'ailleurs une vertu indienne.

Ce n'était pas la mélodie de son père (ce qui représente en soi presque une fantaisie), mais celle qu'il avait retenue au cours d'une veillée d'hiver. Il la chanta modestement tant qu'était en vie celui qui la chantait avant lui ; la mélodie devint sienne lorsque l'autre mourut, dans les années cinquante.

Des paysans plus jeunes vivent à leur tour ce qu'il a vécu et chacun à son heure hérite d'une mélodie. Le plus souvent, le fils reprend celle du père, et la fille celle de la mère. Mais, comme pour un viager, ils n'en sont réellement propriétaires qu'à la mort de leurs parents.

Il arrive aussi qu'au hasard d'une rencontre, un homme se laisse séduire par une mélodie et l'adopte. Ce cas est assez fréquent dans les familles nombreuses, lorsque les frères ou sœurs refusent de partager la mélodie familiale. C'est pour eux une façon de sortir de l'indivision.

Mais il n'est pas possible de papillonner sans cesse d'une mélodie à l'autre et d'en changer plus de deux ou trois fois dans sa vie sans passer pour un *mastilon*, ce gros insecte de la Sierra qui, comme le caméléon, n'a pas de couleur propre, mais prend celle des pierres ou du sable alentour.

Bixad est tout le contraire de ces êtres futiles et c'est parce qu'il ne change ni de femme, ni d'humeur, ni de mélodie, qu'on le consulte si souvent pour des histoires de dettes abusives et de vols supposés.

Sa mélodie est justement l'expression de cette force morale. C'est pour cela qu'elle est belle et déjà convoitée. Car Bixad n'a pas d'enfants et les jeunes tournent autour de lui dans l'espoir de s'entendre dire : "Va ! Tu peux la prendre à ton tour, désormais je suis trop vieux pour la chanter !"

---

21 février

Combien de chants au juste à Qalinext ? En principe, une centaine si, comme on le prétend, chacun a le sien (il y a guère plus de cent adultes dans le village). Sans doute moins si, comme je le suppose, le répertoire comprend des doublons. Une fois encore, il me faut vérifier ce qu'on affirme et effectuer le double recensement des hommes et de leur musique.

Mais l'affaire n'est simple qu'en apparence, car repérer des mélodies quasi similaires ne fait que prolonger la difficulté dans laquelle je suis de différencier ceux qui les chantent, comme si la na-

ture, les hommes et leur musique s'étaient concertés pour vouer un culte à la ressemblance...

J'ai déjà travaillé avec près de vingt chanteurs et enregistré leurs laiyâli, que j'ai transcrites minutieusement dans un petit cahier. Ce que je perçois n'est pas conforme à ce qui est – "Il y a trop de doigts dans la main", disent les Moutaléros. En fait, j'ai plutôt tendance à en trouver moins, car les mélodies se ressemblent étonnamment. Pour repérer ces petites différences, je dois faire un travail de moine et multiplier les enregistrements à plusieurs jours d'intervalle.

Afin d'examiner les correspondances entre la double parenté des chants et des hommes, j'ai dessiné un grand arbre généalogique où, sur trois générations, chaque homme devra trouver sa place. Sous chaque embranchement figurera un nom et un air de famille (c'est le cas de le dire) : lorsque le travail sera fini, j'aurai le portrait acoustique de chacun à l'intérieur d'un système de parenté global... Beau programme pour les jours à venir !

P.S. La dernière lettre pour le Señor Director – dix-huitième de la série – ne parviendra pas à son destinataire. Je l'avais confiée à un gosse pour qu'il l'apporte à la Señora Tpiqi, qui devait elle-même la remettre au camionneur. Le gosse était tout fier de me rendre service, le camionneur très sûr. Mais la Señora Tpiqi est un peu folle. En réalité, il semble qu'elle se soit prise d'amour pour moi. En témoignent ses perpétuels "yeux doux" et ses petits larcins (elle accapare avec jalousie tout ce qui m'appartient et que je

112

laisse traîner : fragments de bandes magnétiques, agrafes, papier collant, etc.). Cette fois, c'est la lettre qu'elle a interceptée. Débarquant à la maison, elle me la tend ostensiblement en m'intimant de la lui lire et sans marquer la moindre gêne. Je refuse en exigeant qu'elle me la rende. Elle la reprend aussitôt pour la remettre dans son corsage, d'un geste théâtral, pour bien signifier qu'elle lui appartient. Je veux intervenir, mais elle s'enfuit en évoquant quelque plat de carême qu'elle aurait laissé sur le feu.

19

La cour d'amour

En se choisissant une mélodie, les hommes ont une idée derrière la tête : se faire courtiser. Car il n'est de femme qui ne connaisse le chant de son ami de cœur. Lorsque, par hasard dans le village, l'une d'elles rencontre l'homme auquel elle pense, ou quand, le soir, elle passe sous ses fenêtres, elle le lui chante. Très discrètement et parfois sans y mettre de paroles, juste pour signaler une connivence ou rappeler une promesse. En quelques notes modulées, il a vite fait de reconnaître la tournure de sa *laiyâla* : il sait qu'on pense à lui, et lorsque d'autres l'entendent aussi, il en rougit.

C'est ainsi qu'aux oreilles de tous, un homme s'expose à perdre l'exclusivité du chant qui le désigne : une femme peut le lui emprunter et le chanter devant tout le monde afin de lui rendre hommage... ou pour le compromettre, le temps d'une intrigue amoureuse.

Mais, pour leur cour d'amour, les hommes n'ont pas un tel privilège. Ils ne peuvent se servir de la mélodie d'une femme, car aucune n'est particulière : c'est celle de leur mère, de leurs sœurs et de toutes les femmes de Qalinext. Les hommes s'en tiennent alors à leur propre chant que, selon les cas, ils habillent de tendresse ou de passion.

1er mars

Ce qui différencie les chants est de l'ordre de la nuance ; mais, dans bon nombre de cas, ces nuances m'échappent encore, alors que, pour les gens d'ici, elles suffisent à créer des catégories. Comme l'apprenti jardinier qui ne parvient pas à distinguer le citron du cédrat, je confonds ce qui est différent ou fais cas des nuances sans pertinence. Rien de plus difficile que l'art de la distinction et rien de plus périlleux que la recherche d'espèces...

Commençons par la laiyâla *la plus simple, et peut-être la plus belle : celle des femmes (je l'ai enregistrée plusieurs fois en chœur durant les fêtes, ou en solo par Tligmas, Alma et quelques autres). Moins large et moins ornée que celle des hommes, elle semble avoir servi de base à des enrichissements ultérieurs. C'est donc la mélodie de toutes les femmes de Qalinext, mères, grand-mères, jeunes filles, etc. En voici le croquis sonore :*

Pour les laiyâli *des hommes, l'affaire est un peu plus compliquée car les variantes sont nombreuses et la fluidité mélodique ménage*

parfois des surprises... En première approche, et après avoir tenté quelques réductions qui touchent à des détails d'exécution, j'en distingue trois :

1. La laiyâla de Sampras (mort le mois dernier). Elle est assez simple ; c'est aussi celle du père de Bixad (mort il y a longtemps) et des frères de Bixad : Txalpoc, Rimmo et Perlu (je donne les surnoms car les prénoms d'état-civil ne me permettent pas de m'y retrouver) :

2. La laiyâla de Bixad, nettement plus ornée ; elle a un air de famille avec la précédente et avec celle de Pedro :

3. La laiyâla de Sandro, de Panchito et de quelques autres, sensiblement différente des précédentes :

Je ne suis pas tout à fait sûr de mes catégories. Elles semblent reposer sur des critères objectifs, mais, dans ces problèmes de per-

*ception, la réalité est toujours fugitive. Les ancêtres des Moutalé-
ros eux-mêmes n'avaient-ils pas pris les chevaux des conquista-
dores pour de gros tapirs en évaluant très grossièrement la mor-
phologie qui les distingue ?*

*Il semble bien qu'on ait, du côté des femmes, une sorte de "laiyâla-
mère", qu'elles se transmettent de génération en génération,
conformément aux règles de lignage.*

*Du côté des hommes, on aurait au moins deux grandes fa-
milles mélodiques correspondant à deux groupes agnatiques. Le
jeu ornemental de Bixad (et d'autres) semble secondaire ; il ne
suffit pas à dissimuler une origine commune.*

*En définitive, l'histoire de la musique moutaléra serait une simple
histoire de famille(s), mais il me faudra pas mal de pages pour
conduire la démonstration à son terme. J'ai recopié mes transcriptions pour les envoyer à Paris au professeur Lehman. Nous
sommes mercredi et demain le camionneur les postera avec mon
texte hebdomadaire pour Ciudad Guatemala.*

*N.B. Si la mélodie de Bixad ressemble à celle de Pedro, c'est que
Bixad et Pedro sont de lointains cousins. Information confirmée
cet après-midi par Pedro lui-même, rencontré à la sortie du bistrot
et à qui j'ai posé la question. "Comment le sais-tu ?" m'a-t-il demandé d'un air étonné.*

20

Carnaval

Le Carnaval est moins une fête qu'une période de l'année. Les portes des maisons s'ornent de fleurs rouges que les femmes ont cueillies. Depuis quelques jours ces fleurs ont fait leur apparition à TerraMund. Par la magie saisonnière de Rxo – le dieu suprême des Moutaléros – la poudre d'hématite qui recouvre le sol prend la forme de calices, de corolles et d'étamines.

À Qalinext, l'épicerie s'est vidée de ses quelques légumes pour offrir un étalage de petits lots de pétards, de confettis et de serpentins en papier empaquetés dans des journaux jaunis.

Le mot "carnaval" (prononcé *karnival*) fait illusion. Il n'y a là ni parade, ni mascarade, ni défilé bruyant : c'est l'époque des offrandes aux divinités de la terre (et de la pierre) et des dévotions adressées à de nombreux saints protecteurs – Santa Barbara, Tata Candellaria, Tata Animas, etc. – qui pourraient à juste titre s'étonner de se voir fêter d'une façon si brutale.

Mais c'est aussi le moment du resserrement des alliances et l'occasion d'un vaste déploiement d'invitations.

Ce qui unit ces différents *karnivales*, c'est bien sûr quelques emblèmes – deux ou trois pétards de faible puissance tout juste suffisants pour indiquer une rupture dans le temps, des papiers colorés formant parure et quelques confettis éparpillés sur la tête en guise de diadème princier – mais c'est surtout un nouvel ordre votif, qui prend la forme d'une ébriété dont le caractère quasi-absolu rappelle qu'il ne s'agit pas d'une saoûlographie ordinaire.

Boire est d'abord un acte rituel. S'y refuser revient à rompre le cycle de l'échange et à bouleverser un ordre à la rigueur liturgique.

Aujourd'hui donc, c'est l'abondance. Une abondance liquide. Et sans doute les prémisses de la saison des pluies. La terre elle-même est gratifiée en retour des biens qu'elle a prodigués : la *chicha* et l'urine coulent à flots simultanément.

Mais, comme dans toute quête spirituelle, il s'agit surtout de troquer un état de conscience ordinaire contre un autre, pour entrer délibérément dans la "petite mort" : celle de l'ébriété totale.

La fête a lieu le soir, et déjà la nuit tombe sur la maison de Sandro. C'est lui qui, l'an dernier à la même époque, avait été désigné comme *pasante* pour la Tata Santiago. Ayant bu plus que tous ses compagnons, il avait pris l'engagement d'assurer le passage d'un temps à l'autre – d'où le mot *pasante* qui le désigne. Cette année, la fête est donc à sa charge.

Ce soir, il se ruine – mais il se serait sans doute ruiné bien d'avantage s'il avait refusé cette charge, car, sans nul doute, Tata Santiago lui aurait fait payer cher sa pingrerie...

Il est déjà entré dans la "petite mort". Son attitude traduit l'héroïsme autant que le désespoir : il pleure bruyamment, tandis que chacun l'entoure et qu'en hommage à sa fête, on apporte une galette de pain pour orner sa tête, comme d'une grosse couronne.

Au terme d'un long effort, il se lève enfin pour danser, soutenu par deux de ses proches qui chantent à son oreille :

Le pasante *n'a pas la vertu d'un roi,*
il ne boit pas plus loin que le bout de son nez,
il boit dans les étoiles et pisse en contrebas...

Quelques hommes s'agglutinent au petit groupe. Profitant du mouvement créé, la chenille humaine avance, comme à la recherche de forces libératrices et pour se dégager d'une chrysalide imaginaire. La lenteur des gestes et la difficulté des mouvements sont celles d'une nouvelle naissance. Sous l'effort, et dans cet état second, le chant se murmure plus qu'il ne s'entonne et la mélodie s'étouffe dans la gorge des chanteurs. La *rwta* ne parvient pas à prendre sa forme ordinaire et, sans point de coordination, le chant s'enraye définitivement. La grappe humaine alors s'effondre, puis se ressoude un moment, pour s'écrouler à nouveau, comme si le sol se dérobait sous les pieds des danseurs et que la danse exigeait d'impossibles dons de lévitation.

8 mars

Pour Carnaval, tout le pays est en fête. La Señora Tpiqi s'est habillée en duchesse espagnole : crinoline affaissée et falbalas d'un autre âge... Le rouge qu'elle a largement étalé sur ses joues ne parvient pas à cacher la fadeur de son teint ; il ne fait que souligner une vulgarité qui pourrait se passer d'une telle mise en scène.

Le camionneur, en congé, n'est pas monté aujourd'hui. J'en suis peiné. Sa présence m'apporte moins que son assiduité : je mesure l'avancement de mon travail à son passage hebdomadaire et c'est autour de lui que j'organise mon temps...

Hier, les laiyâli *ont duré tard dans la nuit. Et même après que les chanteurs se furent tus, elles m'ont hanté toute la journée.*

À la rivière, et même couché, partout où je suis, je les entends ; et chaque cri d'oiseau m'y renvoie encore. Elles meublent cette société de silence et, dès lors qu'elles sont là, rien ne peut les chasser.

Ces hallucinations auditives sont si envahissantes que je me demande si je ne deviens pas fou (dans la solitude, le moindre malaise se transforme en angoisse). Mais Pedro, lui, semble se féliciter de ce que je ressens.

"Si tu entends les laiyâli *à la rivière, c'est qu'elles y sont..."*

Il a un large sourire : celui qu'il arborait la première fois que je l'ai vu.

21

Génies des pierres et de l'eau

Le véritable dieu des Moutaléros n'est pas celui qui a sa statue dans la chapelle du typhus, mais un autre qui répond au nom, difficilement prononçable, de Rxo. Ou plutôt qui n'y répond pas car, à Qalinext, personne ne l'a jamais rencontré. En revanche, on connaît bien sa famille composée de sept génies, tous enfants d'un même lit : Tsaro, Tripul, Percolx, Graburt, Prolc, Tiburx et Friguel, qui prennent parfois des prénoms espagnols : San Lorenzo, Tata Santiago, Tata Animas, etc.

Comme les Moutaléros eux-mêmes, Rxo n'est pas natif du pays. À son arrivée, il rencontra d'ailleurs quelques difficultés à se loger dans les hauts plateaux de Qalinext : dieu de la forêt, il ne trouva pas à TerraMund l'ombre d'un arbre pour y faire les siestes quotidiennes que nécessitait l'exercice de ses épuisantes fonctions. Finalement, il élut domicile dans une zone effondrée, au milieu des pierres, derrière l'usine où la végétation a définitivement renoncé à se faire une place au soleil. L'aridité y est parfaite et l'acoustique large : on ne peut s'y promener sans déplacer des plaques de schistes brisées qui s'entrechoquent et résonnent.

Comme tous les génies du monde, les fils de Rxo ont un double rôle, à la fois pleinement logique et contradictoire : celui d'inquiéter et de rassurer.

En se dirigeant vers l'usine de Qalinext, on a la certitude de rencontrer l'un d'eux sur son passage. Si on le connaît déjà, cela ne prête pas à conséquence. Bien sûr, au début, c'est un peu bouleversant, mais cela ne dure pas, car, passée la première frayeur, cette rencontre rappelle que l'on n'est pas seul sur terre : chacun sait que, sans Tsaro ou Percolx, tout irait bien plus mal.

Mais si le génie est un étranger, alors, mieux vaut courir à toutes jambes jusqu'au village et demander de l'aide à un pair qui le connaît et saura s'en défaire.

Parmi ces génies, il en est que personne ne souhaite rencontrer : ils sont sans lieux-dits, sans forme, sans nombre et sans nom. Ayant pour inconvénient d'être impensables, ces êtres divagueurs sont donc très dangereux : on sait, à Qalinext, qu'ils peuvent produire des troubles entraînant la mort.

Ceux de la rivière sont de cet acabit. Du moins certains d'entre eux, car ils sont innombrables, changeants, et d'autant plus mauvais qu'à la différence des autres, Rxo n'est pas leur vrai père : ils naquirent d'adultères que l'épouse légitime de Rxo conclut avec des hommes.

"Ce sont des enfants sans père, dit-on. Rxo les a noyés dans la rivière. C'est pour se venger de sa femme qu'il les a noyés... mais nous, nous savons qu'ils ne sont pas morts. On peut les entendre gémir derrière le rocher de Txolpaq. Ils bougent sans arrêt, mais on ne peut rien pour eux car ils sont invisibles. Ils font entendre leur chant... comme nous : ce qu'ils chantent, c'est ce que nous chantons."

Au rocher de Txopalq, un jeu de cascades donne à la rivière des sonorités cristallines et continuement modulées. C'est là que, plusieurs fois par mois, les gens de Qalinext vont entendre leur propre chant, vérifier qu'il est juste et chercher matière à leur inspiration, car l'eau qui vibre entre les pierres offre à qui sait l'entendre des possibilités musicales infinies.

Un homme (et jamais une femme) se rend donc au rocher dans le but d'y chercher une nouvelle mélodie. Mais cela présente un risque, car, près de l'eau, il s'expose à la rencontre de génies maléfiques. En arrivant au rocher, il entend d'abord la mélodie de son père, qui, mêlée au bruit de l'eau, se distingue mal de celle de ses ancêtres. Puis, s'il tend l'oreille et sait écouter les enfants de Rxo, il parvient à entendre une mélodie inouïe et peut s'en emparer.

Pour cela, de nombreuses visites au rocher sont nécessaires et le mieux est d'y passer plusieurs nuits de suite avec de la *chicha* en jarre afin que le chant entre bien dans la tête. C'est ainsi – et pas autrement – qu'un génie doit être traité pour être efficace. Il est de toutes façons désagréable de se voir posséder par un génie qui, de retour au village, vous laisse tomber pour retourner à l'eau. Et encore plus ridicule d'aller chercher un chant neuf pour l'oublier en chemin.

---

15 mars

J'ai dû considérablement condenser les faits pour leur donner la forme de ce petit récit destiné à la gazette du Señor Director, d'autant que les saints du calendrier catholique meublent la mémoire de mes interlocuteurs et interfèrent constamment dans leur imaginaire, ce qui complique l'enquête. Pedro était intarissable sur les vrais et les faux génies, et plus encore sur les vraies et les fausses-couches de Rxa, l'épouse légitime de Rxo.

En définitive, il semble que l'univers riche et contradictoire des êtres immatériels se divise en trois grandes catégories : les génies de l'air, logés dans le ciel avec les gros insectes et les oiseaux, sont féminins et ont Llymna pour mère ; ceux de la terre sont masculins et ont Rxo pour père ; ceux de l'eau, enfin, sont de sexe indéterminé et de parenté ambiguë. C'est sur cette réalité tripartite que se calque un espace musical ternaire (aigu, médium, grave, correspondant à chaque partie du chant).

Concrètement, ce sont les génies de l'eau qui dirigent le jeu musical : d'une part, ils peuvent troubler la conduite du chant et faire qu'il se dérobe sous la voix d'un chanteur ; d'autre part, ils suggèrent des changements de profil mélodique. La visite des hommes à la rivière n'est donc pas une simple promenade. Elle a deux buts : pacifier les esprits de l'eau de façon à pouvoir bien chanter, et plus encore trouver une mélodie nouvelle. Dans l'exé-cution collective, cette nouvelle mélodie s'amalgame aux an-ciennes ; elle ne suffit pas à briser l'unité du chant, mais crée l'illusion d'une polyphonie.

Les femmes sont plus assurées de réussir leurs prestations mu-sicales : leur mélodie est céleste et fixe dans sa forme. Elles n'ont donc pas besoin d'aller visiter les génies derrière un rocher qui, de toutes façons, est en dehors de leur espace quotidien. Lorsqu'elles vont à la rivière, c'est surtout pour laver le linge ou se rendre au moulin.

La musique

STRUCTURE	PREMIERE PARTIE	PARTIE CENTRALE	PARTIE FINALE
Forme	Fixe	Variable	Fixe
Registre	Aigu	Moyen	Grave

Le monde

	Llymna	*Tsaro, Tripul, etc.*	*Rxo*
	Ciel	*Eau*	*Terre*
	Ordre féminin	Sexuellement indéterminé	Ordre masculin

À la façon des personnages du codex d'Oaxaca, dont la tête, les membres et le corps se juxtaposent pour former une figure unique, le chant moutaléro représente un univers mythique. En associant l'air, l'eau et la pierre (ou la terre, car à Qalinext, les deux choses n'en font qu'une), la musique n'est pas une simple suite de sons, mais l'image acoustique du monde.

C'est ce que traduit le schéma de la page précédente, réalisé à partir de conventions académiques d'usage commun.

Notes complémentaires :

1. Un système de croyance, aussi simple soit-il, n'est pas un thesaurus. Ce que j'ai écrit est de l'ordre de l'esquisse ; nul doute que plusieurs autres semaines d'enquête seraient nécessaires pour compléter cette petite Bible. Et plusieurs mois, encore davantage. Le "prêt-à-penser" est peu compatible avec la pensée cosmogonique – et peut-être avec la pensée tout court.

Cette analyse résume une semaine entière d'entretiens avec Pedro. Y souscrivent Pedro lui-même, Bixad et ses frères, à qui j'en ai exposé les grandes lignes.

Mais Qalinext a ses jansénistes et, sur cette théorie, je n'ai pas eu l'accord de Qrados, ni celui de Tligmas, mon interlocutrice privilégiée. Pour eux, le pouvoir de Rxo étant illimité, le nombre des génies l'est aussi. Si j'ai bien compris, il aurait pour limites celles de la pensée humaine. "Et d'ailleurs, me disent-ils en guise de conclusion, chacun sait que Pedro est un poivrot..."

2. Plusieurs points encore m'intriguent. Par exemple le fait que l'ordre musical inverse l'ordre mythique. Car Rxo, dieu suprême, est normalement l'antécédent de toute chose. Les chants devraient donc partir du grave. Or c'est le contraire qui se produit : ils commencent dans l'aigu (dans le ciel) puis entrent dans l'eau pour mourir sur la pierre.

La logique musicale bouleverse donc l'ordre de la genèse. Pourquoi ? Je n'en sais rien et Pedro, consulté sur ce point litigieux, n'en sait rien non plus. Peut-être parce que Rxo est un dieu muet comme la pierre. Commencer le chant par lui reviendrait à nier cette évidence. D'une certaine façon, il est logique de se mettre au diapason des insectes bruyants et des oiseaux hurleurs : c'est eux qu'on entend tous les jours ; ils évoluent dans l'espace des hauts plateaux et sont les vrais bavards de Qalinext.

3. Dans le système cosmogonique moutaléro, il y a certainement place pour l'humour. Depuis qu'il m'a été dit que le monde des femmes se réfère aux esprits du ciel, je les vois comme de gros oiseaux marcheurs. Ce n'est pas qu'elles soient bien grasses, les pauvres, mais c'est leur allure qui veut cela, la largeur de leurs vêtements, leur façon de déambuler et de danser à petits pas ; elles tournent sur elles-mêmes comme des poules cherchant des vers entre les cailloux.

22

Musique et classes d'âge

Tessiture aiguë pour les voix des femmes ; aiguë, médiane et grave pour celles des hommes. Chaque registre musical est associé à l'air, à la terre ou à l'eau.

Mais, avec l'âge, la voix perd de son élasticité naturelle et se tasse dans le grave : les femmes de plus de quarante ans ont de la difficulté à "accrocher leur voix" (c'est leur propre terme) ; après la ménopause, elles sont bien souvent contraintes d'abandonner leur tessiture normale et, tandis que leur pouvoir de séduction s'émousse et qu'elles ne peuvent plus faire d'enfants, elles adoptent le registre des hommes.

Bien entendu, les hommes ne sont pas à l'abri de la dégradation du temps ; mais la largeur de l'espace musical qu'ils utilisent complique un peu les choses. L'aigu (correspondant à la première partie du chant) est atteint sans difficulté par les plus jeunes, tandis que les hommes mûrs se cantonnent volontiers dans le "milieu" du chant. Quant aux vieux, ils chantent les notes graves dès que leur voix s'affaisse. Ils ont depuis longtemps renoncé à accrocher leur voix dans l'aigu et se contentent de fermer le chant d'une voix bourdonnante et sourde.

Ce faisant, ils restent "maîtres de leur étage" comme on dit à Qalinext, car, par égard pour eux, les cadets font silence lorsqu'ils interviennent.

C'est ainsi que la musique renvoie à un système de classes d'âge qui double le système cosmogonique ; elle sert non seulement à penser le monde, mais à préciser l'état-civil.

---

22 mars

Alma a des problèmes de voix. "L'accrocher dans l'aigu" lui est plus difficile qu'autrefois. Lorsqu'elle ne peut soutenir longtemps son effort, elle dérive sur le registre des hommes. Cela lui est arrivé encore il y a quelques jours. Les hommes ont vu entrer dans leur rang celle que, depuis des années, ils adulaient. Ils ont ri de cette mue soudaine.

J'ai noté plusieurs métaphores renvoyant à l'espace musical : dans l'aigu, par exemple, le chant est "perché comme l'aigle blanc" ; dans le grave, il "roule comme un éboulis de cailloux". Cette référence spatiale n'est pas sans évoquer la nôtre (comme pour nous, l'aigu est "en haut" et le grave "en bas").

L'aigu est en outre associé de façon systématique au "rapide", comme le grave au "lent". D'ailleurs le chant est plus aigu si le mouvement est vif ; plus grave s'il est lent (les termes de ces rapports sont réversibles et il n'est pas possible de décider quel facteur détermine l'autre). Pour l'heure, je note les proportions pour les mettre en chiffres. Pedro est près de moi. À ces calculs alignés comme les versets de la Bible, il porte une attention sceptique. Sans doute voit-il en moi l'officiant d'une religion nouvelle venue une fois encore d'outre-Atlantique.

Certes, les Moutaléros n'ont pas découvert les propriétés fractales de la musique, mais, d'une part, leur pratique musicale confirme l'existence de ces propriétés, et d'autre part certains d'entre eux – dont Pedro – en ont une conscience assez précise.

"C'est comme la rivière, m'a-t-il dit : lorsqu'elle se fraye un chemin étroit entre les pierres, elle va plus vite et 'chante plus haut'. Ce qui est vrai pour la rivière l'est aussi pour les laiyâli... "

Pour une fois, son raisonnement analogique m'a semblé tenir debout : il parle comme Charango le chaman que, depuis quelques jours, j'ai coutume de consulter.

23

La petite mort du chaman

Les Moutaléros distinguent la Grande Mort (définitive) de la petite, temporaire, à laquelle l'alcool, la *chicha* ou le *mescal* donnent accès.

Charango pratique la petite mort tous les jours. Il n'est pas ivrogne, mais chaman. On le repère de loin à ses cheveux longs qui lui donnent l'air d'un hippie lacandon et à son chapeau à larges bords d'origine incertaine (texan ou mexicain ?). Mais il se distingue surtout par sa façon d'être, à moitié présent, à moitié absent, à la fois concentré et excentrique – pour tout dire, chamanique.

Car le délire est son métier et tous les jours, en recevant la visite des uns et des autres dans sa petite maison située à l'écart du village, il donne son avis sur les causes d'un mal et plus généralement sur les hésitations du Destin.

À Qalinext, le contact avec les esprits n'a cependant rien d'exceptionnel : ils viennent souvent à l'improviste et chacun s'y prépare. Mais Charango a le pouvoir unique de se rendre en personne chez eux et de choisir l'heure de ses visites. À la façon des criquets *pelerinos* qui retrouvent leur essaim dans un ciel nocturne, jamais il ne s'égare. Le fait de voyager dans le monde des esprits – et de surcroît sur rendez-vous – lui donne une compétence qui met sa clientèle en confiance.

Bien sûr, un savoir comme le sien se paie et Charango est riche : il a trois brebis (que d'autres font paître à Terra-Mund) et de nombreuses volailles qu'on lui apporte et dont il examine le foie d'un œil professionnel avant de le manger.

Une cure chez lui dure plusieurs heures et coûte cher. Mais chacun imagine à sa juste valeur ces "voyages" et le risque de Charango de n'en pas revenir, car lorsqu'ils entrent dans son corps en transe, les esprits conduisent de terrifiants combats que seul un chaman peut endurer.

Pour son travail, il utilise des plantes et un gros hochet, que personne ne touche de peur d'être immédiatement ensorcelé. Celui dont il se sert depuis quelques années est moderne. Les esprits de la forêt, avec lesquels il commerçait autrefois, lui ont volé l'autre, en bois de *malvacea*.

Il se sert d'un gros phare de moto – une Harley-Davidson – qu'il a monté sur un bâton, et l'agite comme un grelot ; l'ampoule, détachée de sa douille, tinte sur le verre...

"L'autre *maraca* ne servait qu'à régler les histoires de forêt ; celle-ci est mieux, dit-il, elle est américaine et va bien plus haut... Elle est allée sur la lune, comme les Américains. Avec elle, j'y vois la nuit..."

Car c'est la nuit que Charango travaille.

L'étape la plus longue de la cure consiste à connaître les causes du mal et donc à retrouver le génie qui en est responsable. Pendant toute la durée du traitement, le patient, qui souffre d'une migraine, d'un abcès ou d'une profonde mélancolie, demeure strictement immobile. Charango chante, touche le corps aux endroits meurtris, murmure, puis chante encore, siffle, souffle, inspire, expire, expectore, éventuellement suce et recrache la partie endolorie : tout passe par sa bouche.

La guérison vient normalement avec la connaissance de l'origine du mal. L'une et l'autre sont associées et pour ainsi dire synonymes : l'action thérapeutique proprement dite, à base d'écorce de *carameros*, de sauterelles, de mantes religieuses et de chenilles velues, apparaît comme secondaire ; elle est annoncée en fin de transe et expédiée à la va-vite au petit matin...

---

27 mars

Charango se méprend sur ce qu'il fait : il sacrifie des poules aux divinités, mais c'est dans son ventre qu'elles vont ; il croit rendre visite aux génies alors qu'il subit leur présence jour et nuit. Enfin, ses laiyâli *ont des noms. Il n'en est pas l'inventeur : ce sont celles des hommes et des femmes qu'il chante de sa voix de chaman.*

Mais sa façon de chanter est particulière. C'est sans doute de là que ses laiyâli *tirent leur pouvoir spirituel. Sortis de sa bouche, les sons tremblés prennent l'allure de mouvements oscillés. Pour raison rituelle sans doute, les* layiali *de Charango ont une tournure discrète, à peine audible et difficilement déchiffrable.*

Un jour où je le trouvai assis devant chez lui un peu moins ivre que d'habitude, j'ai insinué que son chant était celui de tout le monde. Il a souri alors de toutes ses dents (ou plutôt son absence de dents), puis est sorti un moment de son délire pour me répondre sèchement : "Tais-toi, gringo, tu ne sais rien !"

La brutalité du propos est trompeuse. Indirectement, Charango m'invitait à le consulter – contre de l'argent, bien entendu. Ce que j'ai fait.

C'est ainsi que je lui ai rendu visite les jours suivants pour l'entendre longuement développer un récit qu'il ne m'a pas autorisé à enregistrer. Je résume donc ici quelques notes prises rapidement, tandis qu'appuyé sur son phare de chaman, il me parlait d'une voix basse et haletée.

Le récit de Charango *(transcription partielle)* :

"... L'eau avait alors fertilisé nos terres et permis aux hommes de s'accoupler. En ce temps-là, nous vivions dans les arbres, accrochés à leurs branches comme les fruits de Rxo. Des arbres si hauts que personne ne pouvait en voir les cimes. Nous étions alors nombreux à proférer le monde et c'est de ce temps-là que date mon savoir...

À cette époque, la musique existait dans le souffle des hommes et dans les flûtes, mais c'est du ciel qu'elle venait. Car imaginerais-tu un seul instant que les étoiles et leurs énormes masses puissent se mouvoir dans le silence ? Cette musique est forte, au contraire. Et désormais Llymna la chante et je l'entends durant mes voyages."

Je l'interromps : "Mais c'est aussi cette musique que les femmes chantent aujourd'hui ?"

"Oui... ce que chantent les femmes, c'est l'air de Llymna. Mais c'est pareil sans être pareil... de la même façon que le tamandua et le fourmilier se confondent et se distinguent à la fois. L'air de Llymna, les femmes l'ont changé, car leur voix profère le mensonge et leur corps évacue le sang chaque mois. Mais autrefois, il avait la pureté du ciel... de ce ciel que tu peux voir se refléter dans le lac Atitlan lorsqu'il a la tête en bas."

Il n'est pas facile de couper la parole à Charango et je dus insister : je voulais entendre à nouveau sa laiyâla, *celle qu'il avait chantée quelques jours auparavant quand je l'avais surpris en train de sauver du suicide une jeune femme qui avait absorbé de la sachasandia.*

Mais, dès lors qu'il ne s'agit pas de soigner, il n'est pas question de chanter, car ce serait risquer la colère de Llymna. "On ne la dérange pas pour rien", dit-il.

Finalement, à force d'insister, il consentit à me siffler sa mélodie, comme le faisait autrefois la flûte.

L'air de Llymna sifflé par Charango et s'inspirant de la musique des sphères (transcription réalisée de mémoire).

De fait, ce chant ressemble bien à celui des femmes. Il en a la simplicité et la beauté. Quelques différences pourtant m'ont d'emblée intrigué...

Je dois dire que, depuis toujours, le caractère géométrique de la musique me fascine. Encore très jeune, je me souviens que je construisais des pièces musicales avec des cubes, des bouts de papier ou des Legos, jouant sur les formes mélodiques à partir de volumes ou de couleurs, cherchant des organisations qui pouvaient varier à l'infini.

J'ai refait sous le soleil de Qalinext ce que je faisais seul dans l'ombre de ma chambre, alors que j'habitais encore dans ma famille : j'ai découpé mon cahier de musique et décortiqué la laiyâla *de Llymna en petits motifs avant de les disposer à même le sol. L'agencement de ces motifs permet de réaliser des graphes de formes diverses, qui s'apparentent à des marelles enfantines.*

À l'évidence, la linéarité de l'écriture musicale était trompeuse ; il me fallait découper la mélodie d'une autre façon, et durant plusieurs heures, je me suis attelé à cette tâche avec le sérieux d'un démiurge amateur.

Car il s'agissait d'explorer les caractéristiques du système musical et d'y trouver les propriétés géométriques de la musique des sphères. J'avais pour seul indice ce que Charango m'avait dit à son propos : l'image inversée du ciel "qui se reflète dans le lac Atitlan".

L'idée m'est apparue le lendemain. Et elle eut effectivement la force d'une apparition...

C'était au moment où, comme chaque jour, je me rasais, devant un petit miroir que j'avais acheté au marché du jeudi. Ma main droite (tenant le rasoir) était à gauche et ma main gauche à droite : le principe du reflet.

Alors je compris. Le visage encore couvert de savon, je me suis rué sur ma notation, le rasoir à la main.

La lame me servit à redécouper la notation musicale. J'avais sous les yeux une symétrie... Une symétrie si parfaite que, tout d'abord, je n'en crus pas mes yeux.

Car l'air de Llymna, construit "en miroir", peut se lire indifféremment de gauche à droite et de droite à gauche.

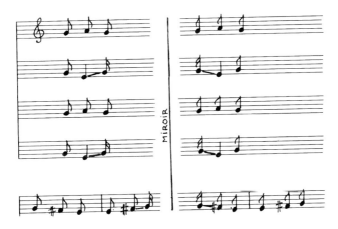

Construction "en miroir" de l'air de Llymna : le ciel se reflétant dans le lac Atitlan.

Aujourd'hui, je suis vraiment heureux : touché par la grâce de la découverte...

Qu'ai-je trouvé au juste ? Pas grand chose, mais probablement l'essentiel : la cohérence d'une pensée musicale. Elle se trouve là où personne avant moi ne l'avait imaginée, là où elle est le moins prévisible, dans la tête de l'alcoolique de Qalinext, chez Charango le chaman. Et ses fabuleux phantasmes sont venus combler mon désir de comprendre.

Charango est pythagoricien ; il sait que la musique est une science. Mais sa démarche est plus abstraite que celle de Pythagore qui s'intéressait aux proportions des cordes vibrantes ; c'est celle d'un musicologue qui sait lire la forme d'une construction sonore. Aujourd'hui, le vent violent de la Sierra Madre, annonçant les premiers orages d'avril, m'a amené Charango, un vieux compagnon, un collègue : je me sens moins seul.

24

Logiques musicales

Il semble que, pour ce qui est de la musique, on ait affaire à trois systèmes, tantôt complémentaires et tantôt conflictuels.

Le premier relève d'une vision cosmogonique. L'espace sonore obéit à une conception globale et tripartite du monde (le ciel, l'eau et la terre). Il en adopte la représentation et se compose de formes ternaires (trois parties, trois registres musicaux, etc.). Cet ordre ternaire est encore présent dans l'organisation des fêtes (cycles de trois jours et de trois nuits). Pleinement logique, la musique suit l'ordre du monde et en épouse les contours.

Mais il est un deuxième système, qui touche aux règles de conduite et où la musique n'est autre chose qu'une politesse élaborée. Plus que toute autre pratique, elle obéit aux exigences de la vie collective, de sorte que les règles musicales sont avant tout des règles sociales. Il est une façon "d'entrer dans le chant", comme "d'entrer dans la danse", de "prendre une mélodie" comme de "prendre la parole", etc.

Dans cette perspective, non seulement chaque moment de musique rappelle l'existence du groupe, mais il donne la valeur exacte de ce que l'on vit et qualifie ce que l'on fait ensemble. Chanter fort veut dire être nombreux, chanter mal équivaut à manquer de respect à ceux qui vous entendent, et ne pas chanter du tout revient à souligner l'absence : ceux qui se taisent sont les boudeurs occasionnels, mais aussi les isolés et les fous (il y en a deux ou trois à Qalinext).

On aurait pourtant tort de croire que cette émotion partagée, fondamentalement différente du sentimentalisme narcissique et vulgaire qui plaît tant en Occident, soit totalement gratuite : elle sert de base à d'autres formes de partage et indique la voie qu'il faut suivre pour y accéder. C'est bien parce que l'on chante ensemble que l'on peut mettre en commun des terres, des outils, répartir des récoltes et des troupeaux et que – à la mauvaise saison surtout – chacun peut bénéficier de l'entraide de tous.

Le troisième système est abstrait et géométrique. Il se manifeste à travers les hallucinations de Charango – ce qu'il appelle ses *quras*. La musique est un jeu de formes qui s'inspire librement des principes de la nature et non plus de ceux de la culture. De profil descendant, elle suit les forces de la pesanteur ; strophique et récurrente, elle est cercle (comme la danse) ; symétrique (dans le cas des chants des femmes), elle est reflet dans l'eau. Enfin, sinueuse ou linéaire selon les cas, elle suit l'imagination des hommes et se déroule dans des perspectives qui déroutent sans cesse le musicologue.

3 avril

Ce texte, que j'ai préparé pour le Señor Director, contient en germe le plan de ma thèse (à moins qu'il n'en soit déjà la conclusion). Il me faudra le développer et en adresser copie au professeur Lehman...

Je l'ai relu ce matin avant de me rendre chez la Señora Tpiqi pour le mettre au courrier. Depuis que j'ai refusé ses avances (plus pour des raisons physiques que morales d'ailleurs), la Señora ne m'adresse plus la parole ; sans doute voyait-elle en moi un futur allié, un voyageur, un homme de perspective. De tout Qalinext, c'est sans doute elle qui comprend le moins le sens de mon travail. Pire encore : il semble que l'intérêt que je porte au pays la gêne. L'ordre de mes secrets n'est pas le sien et je la déçois certainement en choisissant un camp où elle n'a pas sa place. Mais, à dire vrai, ses stratégies personnelles ne m'intéressent pas. D'ailleurs, au moment de lui remettre l'enveloppe et tandis que je lui fais les recommandations d'usage, je ne pense pas à ses exigences affectives, mais à mes préoccupations à moi et au texte que j'adresse au Señor Director... Je n'en suis pas très content. J'en ressens les imperfections ; il me semble inachevé et fondamentalement incomplet.

Car la musique n'est pas seulement une façon de penser le monde : elle naît du corps et s'adresse au corps ; elle tire sa raison d'être, et sans doute son unité, de l'émotion incomparable qu'elle produit. C'est ainsi qu'elle crée ses propres perspectives. De fait, lorsque Tligmas ou Pedro écoutent leur propre chant, ils se préoccupent peu du système musical – c'est une sorte de grammaire qui rappelle son existence seulement en cas de faute. Ils prêtent surtout attention à la façon dont il est chanté, à la qualité de la voix et à son grain.

"Il faut bien secouer la voix, affirment-ils, car c'est le cœur du chant ; sans lui, la laiyâla *serait morte et lisse comme une tige de maïs"... "Seuls les Moutilorès chantent ainsi !" ajouta un jour Pedro (il s'agissait, une fois encore, de faire honte à ses voisins).*

Je n'ai pas parlé de cela encore. D'emblée pourtant, j'ai été sensible à la voix fortement vibrée des Moutaléros : les chanteurs mettent tous leurs efforts dans la façon de traiter le son et de le tordre dans tous les sens. Il y a un projet artisanal dans le chant moutaléro, une façon d'orner la matière en jouant sur sa plasticité.

La musicologie occidentale ne manque jamais l'occasion de célébrer les vertus de son solfège, cette science de la musique très particulière et surtout très partielle. Elle est fondée sur la note, *c'est-à-dire sur une expression minimale du son. Je mesure à cette occasion les limites de ce solfège : la musique est bien autre chose qu'une simple échelle dont les musiciens et les chanteurs s'amuseraient à monter et descendre les marches, comme les gosses un escalier. Elle n'est pas une suite d'entités distinctes, mais un continuum, un flux sonore qui s'articule autour des phénomènes de résonance dont elle exalte les effets. Elle est faite de reliefs infinis, dont l'oreille perçoit les horizons communs et que l'écriture musicale aplanit sans jamais se poser de question. Penser la musique en termes d'unités graduelles n'est qu'un artefact. D'une certaine façon je le sais, mais Pedro, Tligmas et les autres me le rappellent. Je dois prendre la mesure de leur insistance.*

Plusieurs fois, je me suis penché sur mes cahiers de musique (j'en ai une bonne dizaine maintenant). Dans mes transcriptions, j'ai traité le large vibrato des chanteurs de Qalinext par un petit trait tortillé disposé au-dessus de la portée. Mais cette graphie idiote ne traduit rien de l'intense émotion qu'il procure. Selon un principe paradoxal, qui n'est pas sans rappeler l'art du baroque, ce vibrato est bien au centre – au "cœur" – de la musique. À la fois ornemental et essentiel, il fait vivre la laiyâla *et crée d'étranges affinités entre les chanteurs et leur auditoire.*

Car c'est bien le battement de ce cœur que l'on entend lorsque le chant s'ébauche et que, dans un même geste vocal, la berceuse rejoint la lamentation funèbre ou la cantillation du chaman. Et, en ce moment même, c'est lui qui fait vivre les hauts plateaux de TerraMund où les bergers chantent à leurs brebis. S'ils chantent, ce n'est pas pour les garder (en vérité, elles se gardent seules), mais pour signifier qu'elles ne sont pas des animaux comme les autres, qu'elles vivent parmi les hommes et appartiennent à leur monde.

Je m'en serais sans doute tenu là dans mon analyse si le camionneur ne m'avait apporté ce matin des données nouvelles : c'est la réponse à une demande que j'avais adressée il y a maintenant trois mois à mon ami Jean Schwarz, l'ethno-acousticien du Musée de l'Homme. Le petit colis qui m'arrive a la forme d'un rouleau à dessin et contient un long tracé électronique du chant de

Pedro. Il doit se lire à la façon d'un électrocardiogramme. Et c'en est un, effectivement, car il figure les pulsations vitales et régulières du chant qui, sans elles – et comme le dit Pedro – serait mort comme une tige de maïs arrachée de la terre.

J'arbore ce sonogramme comme un trophée rappelant avec force l'existence du pays d'où je viens. "Tu vois bien que la France existe", semblé-je dire à Pedro en lui montrant un tracé géométrique auquel il ne comprend rien.

Et sans doute ma joie est-elle comparable à ce que fut la sienne lorsque, il y a quelques années, il était revenu du Geras avec son transistor sous le bras…

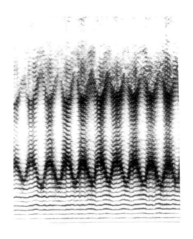

Le "cœur" du chant : la voix de Pedro (extrait de cinq secondes) ; la dilatation des harmoniques.

7 *avril*

Depuis quelques jours, le paysage a changé. Vers l'ouest, les montagnes s'ornent de brumes nouvelles qui proviennent d'une mer lointaine, inaccessible, quasi mythique. La pluie a fait son apparition alors que personne n'y semblait préparé.

Avec les fréquents orages, la rivière, grossie d'eau lourde et mauve, couvre le bruit familier de l'étable. La nuit, cette rumeur sourde et chaude pourrait m'angoisser : elle m'endort plutôt. La piste est devenue impraticable. Ce jeudi, le camion n'est pas monté. Il n'est pas sûr qu'il monte les prochaines semaines. L'épicerie est fermée, tout comme le restaurant de la Señora Tpiqi. Du coup, la Señora ne sort plus de chez elle et noie sa mélancolie dans l'alcool.

Me voici donc "coupé du monde", comme on dit banalement. Mais si cette expression avait un sens il y a quatre ou cinq mois, elle n'en a plus guère aujourd'hui.

Car le monde aussi a changé : je vis maintenant avec les gens dans une promiscuité assez naturelle, comme si je n'avais rien à leur cacher. Mais, paradoxalement, à mesure que je progresse dans la connaissance de leurs affaires, ils me parlent moins. Désormais, je suis censé savoir. Mais je me sens un peu engoncé dans ce nouvel état. Je découvre une pudeur de novice, semblable – j'imagine – à celle que devaient éprouver les infantes espagnoles lorsqu'à leur puberté, elles troquaient leur tenue d'ingénue contre le lourd brocart qui seyait à leur rang.

Le Nagra est en panne : il ne se satisfait plus des piles humides que je lui mets dans le ventre. Lorsque je l'utilise, le témoin d'alarme clignote en signalant que l'arrêt définitif est pour bientôt... Je ne peux donc plus enregistrer de musique. J'y vois, bien sûr, un signe.

Le temps aussi s'est arrêté. Mon vieux réveil, qui fonctionnait la tête en bas, a rendu ce qui lui restait d'âme. Je l'ai posé dehors sur la fenêtre. De façon prévisible, il a poursuivi sa destinée et entamé une deuxième carrière entre les mains des gosses : extraordinaires petites toupies, serpents métalliques, micro-arbalètes... Je me demande comment l'horloger a pu faire entrer tant de pièces dans cette petite boîte ronde.

Cet isolement brutal m'ouvre des espaces de liberté inattendus. Il m'affranchit en particulier de mes obligations épistolaires du jeudi. D'une certaine façon, c'est tant mieux, car je ressens moins qu'auparavant la nécessité de décrire, d'analyser, d'objectiver, de photographier, etc. De plus en plus, je pense (comme Tligmas) que "ce n'est pas là que les choses existent" et qu'en définitive, le sens ne se figure pas.

La musique n'est-elle pas l'incarnation la plus parfaite de ce sens ? Comme lui, elle n'existe que par la façon dont elle est vécue et partagée ; le discours – tout discours – n'y correspond qu'épisodiquement. Dans le meilleur des cas, ce discours n'est qu'une métaphore du réel – et bien souvent, une métaphore maladroite et inadaptée.

Je trouve refuge dans le silence des hauts plateaux. Le chant est là pour lui donner son exacte valeur : ici la nature semble à l'écoute des hommes et l'acoustique des pierres dispose à réverbérer le moindre chant. De la maison de Tligmas, j'embrasse du regard à peu près tout le village. Je vois des femmes chargées de fagots qui reviennent des champs, et d'autres qui se dirigent vers le moulin. Au loin, j'aperçois TerraMund et ses dernières fleurs où paissent en permanence une trentaine de brebis ; enfin, dès cinq heures du soir, j'entends les rumeurs du bistrot.

Ce goût nouveau pour la contemplation m'étonne. Sans doute ai-je "franchi un col", comme on dit ici : l'expression est utilisée surtout au figuré pour signifier que les perspectives ont basculé et que le regard porté sur les choses n'est plus le même.

Lorsqu'auparavant on parlait de moi, du gringo *venu de loin, une expression suffisait à caractériser qui j'étais, ou ce que je représentais : "Otra clase", disait-on, lorsque je parlais de la France, de l'Europe, et, plus généralement, de tout ce qui ne touche pas directement au monde d'ici.*

"Autre classe" : ces mots jumelés parsèment la conversation sur un ton qui, sans marquer l'étonnement, procède d'un constat. Ils interviennent généralement au terme d'une réflexion silencieuse qui, par sa durée même, donne la mesure de nos différences ; sans transition – comme les jours et les nuits de Qalinext qui ne connaissent ni aube ni crépuscule – ces différences nous séparent radicalement. Je suis donc d'une autre classe, d'un autre monde. Mais dans mes entretiens quotidiens avec les uns et les autres, je

note que l'expression se fait plus rare qu'auparavant ; ce n'est pas que nos "classes" fusionnent, mais la nécessité de les affirmer devient moins pressante.

À mon arrivée, on m'appelait le gringo, *puis, après quelques semaines, on est passé au diminutif affectueux* gringito, *avant de me désigner par* tatay *("mon père") ou* waway *("mon fils"). Ce dernier changement s'opéra fin février, au moment où je commençais à prendre moins de notes sur ce qui se passait et vivais plus naturellement les choses au premier degré.*

Depuis cette époque, lorsque je vais à la chasse avec Pedro, c'est moins pour l'observer – bien qu'il m'amuse toujours autant – que pour l'aider à traquer le gibier. L'opération est simple : nous nous postons de part et d'autre d'une colline et nous synchronisons notre montée afin de nous trouver face à face au sommet. Les bêtes n'ont plus que le ciel pour refuge. Pedro, avec son escopette qui date de la conquête espagnole, fait mouche à tous les coups. S'il rapporte plus de gibier qu'auparavant, c'est bien grâce à moi.

Mais j'ai aussi d'autres petites joies qui m'aident à vivre tous les jours : elles tiennent beaucoup à ma connaissance de la nature (surtout à la maîtrise de ses dangers : serpents, qaraqus, scorpions, frelons, merdones, etc.) et à quelques habiletés techniques (entretien du moulin, réparation des métiers à tisser, modes de chargement de la mule, fabrication de galettes...).

Enfin, je suis l'écrivain public de Qalinext, non pour les rubriques ethno-littéraires que, durant près de six mois, j'ai dû en-

*voyer à une institution savante, mais parce que j'assure la corres-
pondance de tout le village : appuyant les démarches de la veuve
de Sampras (pour la pension de son mari), ou rédigeant les lettres
que la Señora Tpiqi adresse à quelques connaissances anciennes
(d'une certaine façon, j'en fais déjà partie)...*

*Et contraint d'interpréter les droits de l'ayyus, je me vois sub-
mergé par les histoires passionnelles de tous, jusqu'à n'en plus
pouvoir.*

*Ce qui a changé n'est pas que j'accepte ces tâches avec un certain
plaisir, mais que je n'intrigue plus. Dans les deux sens du mot : je
ne suis plus sujet d'intrigue, ni prêt à en conduire. Et
– comment dire les choses plus simplement ? – je me sens aimé.*

*Peut-être ma solitude est-elle celle des premiers jours, mais le
sentiment de solitude, lui, a bien disparu. Tandis que de vieilles
pratiques individualistes, bien propres à ma culture, associées aux
nécessités du travail ethnographique, me font entretenir des rapports privilégiés avec Sandro, Tligmas, Pedro et quelques autres,
je me rends compte que le village tout entier – hommes, femmes,
enfants, jeunes et vieux – m'entoure d'attentions.*

*Au cours de la journée, tout le monde sait où je suis et ce que
je fais. Chacun m'accompagne à sa façon : Pedro par son bavardage, Tligmas par ses silences, Charango par sa folie. La variété
des styles ajoute du prix à cette incessante présence. Je me sens
comme nourri par un regard, par beaucoup de regards. J'y réponds aussi.*

13 avril

Jusque là, j'en étais à noter la politesse des gens et une certaine élégance quotidienne – cette façon de marcher à mon rythme par exemple lors de mes déplacements dans le village et d'entrer dans mon jeu en signifiant par de nombreux petits signes qu'au moins intuitivement, il est compris. Comme s'il y avait une intelligence de l'amour et que la clarté du regard porté sur l'autre tenait lieu de raisonnement...

Mais, il y a quatre jours, cette forme d'assistance discrète a dû, par accident, s'exprimer d'une tout autre façon.

Alors que, par simple jeu et pour conserver une certaine forme physique, j'étais parti escalader seul et à mains nues les gros rochers derrière l'usine – le domaine de Rxo ordinairement peu fréquenté –, j'ai glissé et suis tombé brutalement. Ma tête a heurté une pierre et saigné abondamment. Une grande douleur au pied – une vilaine entorse, et sans doute plus – m'a bloqué à quelques mètres du sol, m'empêchant de retourner au village...

L'imagination, dans ce cas, est prompte à envisager le pire.

Mais – quoiqu'abasourdi – je me trouvais bien. En contrebas, les brumes argentées donnaient au village une dimension irréelle et la vallée était plus belle que jamais. Le sentiment du beau a toujours cette étrange capacité de soustraire l'anxieux à son angoisse. Au loin, la pluie faisait de larges traînées dans le ciel – c'est de cette façon que les enfants figurent la pluie sur leurs dessins ; le paysage semblait, par là-même, retrouver sa grâce d'origine.

D'une certaine façon – et bien qu'immobilisé – je me sentais tiré d'affaire : j'allais mourir en terre sacrée, dans les rochers de Rxo ; ou, plus raisonnablement, on viendrait me chercher car, si par orgueil ou négligence, je n'annonçais jamais où j'allais, chacun savait toujours où me trouver. L'attente a été longue pourtant et je m'affaiblissais...

Un homme ou deux auraient pu me secourir, mais finalement, tout le village est venu, annoncé par de petits rires. Ce rire, je le connaissais. Ce n'était pas un rire de joie. Je l'avais entendu à plusieurs reprises avant d'en être la cause : une première fois, lorsque la foudre était tombée tout près de la maison de Tligmas, une autre, lorsqu'une chèvre était restée bloquée en haut de la montagne ; on suivait alors des yeux l'ascension d'un jeune berger qui prenait les risques les plus fous pour la déloger. C'est un rire qui accompagne le danger et s'étouffe un peu nerveusement dans la gorge. Il sert à conjurer la peur...

On a tourné un bon moment autour de moi – je n'étais pas en état de suivre les opérations. Puis, j'ai vu arriver une sorte de civière, fabriquée avec des couvertures nouées. Alors que les hommes avaient des gestes plutôt désordonnés et s'activaient à vouloir trop bien faire, les femmes semblaient beaucoup plus à leur besogne (Tligmas surtout), ce qui ne me rassurait qu'à moitié, car c'est elles d'habitude qui s'occupent des cas difficiles – et des morts...

Alma pleurait – cela m'a ému. Je lui ai suggéré de se mettre à chanter ; elle a refusé.

Le retour au pays m'a paru interminable. Je devinais les passages difficiles aux secousses que j'endurais. Les hommes marchaient à grandes enjambées tandis qu'à leur habitude, les femmes semblaient survoler la montagne à petits pas, de leurs jambes de fillettes, nerveuses et fuselées, leurs talons touchant à peine le sol. Cette grâce imprévue soulageait ma douleur...

On m'a alité chez Tligmas et, dès l'après-midi, Charango est venu me proposer ses services – que j'ai refusés. J'avais plus confiance en ses dons chamaniques qu'en son instinct médical. Pour la blessure à la tête, j'ai recouru à ma propre pharmacie et pour le pied, Tligmas a su réaliser une attelle efficace. Cette double médecine traduit encore mon statut incertain.

Mais cette incertitude s'est effacée les jours suivants, et surtout maintenant que je reçois des visites quotidiennes où tout Qalinext défile à mon chevet (à l'exception toutefois de la Señora). Personne n'est à court d'idées sur la façon de me guérir et l'on m'offre ce que l'on a sous la main : des maïs enveloppés dans leurs fanes, des boissons chaudes à base de plantes dont j'ignore tout, des œufs minuscules (que Tligmas aussitôt s'approprie), une poule malingre, une autre un peu plus forte et plus bruyante aussi, des pierres et des morceaux de roches témoignant d'un pacte secret contracté avec Rxo...

Et ces dons ont aussi un caractère d'offrande, car, si les visites réservées aux malades ordinaires ont pour but de leur apporter un peu de réconfort, celles que l'on conduit auprès de moi sont surtout de l'ordre de la cure et constituent pour mes visiteurs les indispensables conditions de la guérison.

Le but escompté consiste bien sûr à prendre de mes nouvelles, à souhaiter mon rétablissement, mais plus encore à s'interroger interminablement sur les causes de ma chute. Dans cette recherche d'une explication globale, où l'on attend de moi que je répète mille fois le même récit, chacun s'implique, non pas en son nom propre, mais au nom de tous.

Cette chute m'a fait faire une entrée fracassante (c'est le cas de le dire) dans le monde des Moutaléros.

Ce monde, j'étais venu l'étudier et le comprendre et, par un coup du sort, il m'a inclus soudain avec brutalité. Je suis comme le braconnier que sa maladresse trahit, ou comme le chasseur balourd, saisi par le lacet qu'il embusque.

Une pierre de Rxo m'a fait déraper, une autre a heurté ma tête. Pourquoi donc Rxo a-t-il provoqué ma chute ? et de surcroît sur son domaine ? Il n'est pas dans ses habitudes d'intervenir dans les affaires des gringos. S'il le fait, c'est qu'il me reconnaît comme sujet. Dès lors, je deviens Moutaléro – "homme du ciel" – par reconnaissance divine. Mon accident est un baptême, ma convalescence une confirmation.

3 mai

À mesure que ma chute perd en gravité (j'en suis bien remis), elle connaît des avatars mythiques. À mon insu, et tandis que je crois avoir acquis une certaine réalité, je prends l'allure d'une métaphore. Car, dans mon accident, les gens de Qalinext lisent désormais le destin qui leur fit perdre leurs arbres pour échouer dans les pierres : ne suis-je pas venu des grandes forêts d'Europe pour essuyer à mon tour les violences de l'Histoire, de leur Histoire ? D'où ces visites à la fois chaleureuses et rituelles, en échange de la mienne, que chacun voudrait voir durer.

Je le mesure à la façon qu'ils ont de s'interroger sur mon rétablissement : mes visiteurs ont tendance à exagérer les effets de ce petit drame. Sans doute pour mieux en expliquer les causes. Car mon corps, singulièrement disloqué, figure désormais le leur : devenu sujet à caution, il perpétue le mécanisme de la rédemption. Pour eux, j'expie indubitablement une faute ; la faute gringa *: celle qui conduisit Cortès et ses troupes dans leurs jardins et chez leurs femmes, et celle des experts américains qui, dans les années cinquante, imposèrent leur exil meurtrier. Je suis donc leur bouc émissaire, et c'est cette faute que, tous ensemble, ils viennent laver à mon chevet.*

Sans que je sache vraiment pourquoi, ma solidarité ne peut s'accommoder d'aucun compromis. À dire vrai, si je suis responsable du destin moutaléro, ce ne peut être que de façon incidente et lointaine. Mais je me sens enchaîné à lui, comme l'étaient les mutins embarqués pour la conquête, et que l'on jetait à la mer en une seule fois pour signifier aux yeux des autres la nature collective de leur méfait.

17 mai

Je me rétablis pourtant...

J'aime désormais me tenir dans la petite cour de la maison. Je découvre l'exactitude de ses proportions, comme si la géométrie avait été pensée par un dieu indigène. De fait, quelques centimètres en plus d'un côté ou de l'autre suffiraient à la rompre. C'est de là que j'écris. Les bêtes et les hommes s'y croisent sans cesse en donnant l'impression de ne jamais se gêner, suivant une sorte de politesse que plusieurs millénaires de vie commune ont rendue naturelle.

Depuis quelques jours, j'ai remis pied à terre. Les gosses m'ont prêté une de leurs petites machines à roulettes afin de soulager l'effort de la marche. M'observer les amuse. Avec un large pansement à la tête, je ressemble à un héros de la guerre de quatorze. Mais je sors moins d'une guerre que d'une initiation – celle que doivent subir les apprentis chamans qui, en contrepartie de ce qu'ils endurent, acquièrent un nouveau statut et une nouvelle existence.

Et il me vient l'irrésistible désir de réaliser quelque chose avec "mes" Indiens, mes clochards célestes, et de m'embarquer avec eux dans leur ciel...

Cela survient précisément au moment où je semble le moins armé pour le faire : coupé de l'extérieur, sans ressources financières (mes économies sont au plus bas et j'ai distribué depuis longtemps le surplus qui provenait de France) et sans position particulière qui me donnerait le pouvoir d'entreprendre. Sans imagination enfin.

L'affliction est mon seul refuge : c'est celle des gens d'ici.

Paradoxalement, alors que je crois avoir acquis la confiance de tous, je me trouve dans la situation de n'en pouvoir rien faire. Que puis-je offrir ? Rien ou presque, à moins d'une conversion totale qui devrait aller bien au-delà de la sympathie momentanée qu'accentue d'ailleurs ma convalescence.

Honnêtement, la seule chose que j'ai dû réussir est d'avoir senti et pensé avec les gens d'ici. Je sais déjà confusément que je n'irai pas plus loin. Pour l'heure, je vois mal comment ignorer mon rôle de parasite. Et si, il y a quelques mois, j'affichais celui d'une prostituée, qui veut séduire à tout prix pour capitaliser un savoir, je me vois aujourd'hui sous les traits d'un maquereau... ou même d'une hyène.

Oui, d'une hyène. Car, avant même que je tombe malade, ne vivais-je pas du travail de Tligmas qui elle-même gagne sa vie en enterrant les morts ? Encore maintenant, je continue à bénéficier des prébendes de ses services funèbres. Les morts de Qalinext me nourrissent.

La générosité picaresque que je m'attribue si complaisamment tourne au grotesque ; la réalité est d'un autre ordre (d'une "otra clase", dirait Pedro) . la mort remplit mon assiette. Et peut-être celle survenue hier par accident m'apportera-t-elle une denrée rare. Une pintade, par exemple, ou des oranges ?

Car hier, un jeune homme s'est noyé en voulant traverser la rivière et, tandis que les femmes venues le chercher, comme moi l'autre semaine, pleuraient en accusant le destin, les hommes mesuraient leur isolement à cette mort accidentelle.

Un pont, un simple pont aurait permis d'éviter la noyade. Mais qui l'aurait construit ? Dix ou vingt ans d'économie n'auraient pas suffi. Et pourquoi travailler tant d'années ? Pour mieux partir ?

Parmi les plus sages, beaucoup savent qu'il est déjà trop tard et que la noyade n'est pas une affaire de rivière : elle est déjà là, sous les toits et dans les murs de Qalinext que le temps a déjà largement entamés.

"Mais toi, tu partiras ?"

La demande vient de Pedro.

Sa question m'abasourdit. Elle a la violence des crues de la saison.

Je croyais y être préparé pourtant depuis plusieurs semaines. Sans doute attendais-je un propos moins brusque et moins direct. Mais c'est aussi la première fois que j'entends Pedro mettre une phrase au futur. À croire que, dans son usage courant, la langue moutaléra ignore cette ressource de la grammaire.

Ma tête soudain se vide, en panne de son alchimie coutumière qui met le sens en mots. Je revois tout d'un coup le plan d'un film vu naguère à Paris. Il retraçait l'odyssée tragique de la conquête espagnole : tandis que Cortès et ses hommes massacraient des Indiens, un prêtre capucin rappelait aux derniers rescapés le message pacifique de son Église. Il brandissait un crucifix deux fois plus haut que lui en hurlant : "Voici le Christ rédempteur, qui efface les péchés du monde... Il est venu vous apporter la Bonne Nouvelle : la province des Indes a été léguée pour moitié au royaume du Portugal et pour moitié à celui de Castille..." Et pendant qu'il parlait, les têtes volaient en éclats et le sang inondait l'écran.

Devant Pedro, j'étais ce prêtre capucin, missionnaire de conquête, offrant à ses Indiens un impossible choix.

"Mais toi, tu partiras ?" reprend Pedro, cette fois d'un ton moins hésitant. Ses yeux me fixent, sollicitant un accord.

"Oui, je partirai... quand les routes seront en état. Je troquerai mes sandales de pneus de camion rechappés contre des chaussures fermées. Et je parlerai de vous, du chant d'Alma et de la mort de Sampras..."

"Et tu parleras de celle d'hier ? De la noyade de Santiago ? Et des femmes d'ici qui ne font plus d'enfants car la vie n'en veut plus ? Et tu diras que Rxo lui-même n'a pas trouvé sa place à TerraMund ?"

"Je ne sais pas Pedro, franchement, je ne sais pas..."

Et j'ajoute, comme malgré moi : "Je n'étais pas venu pour vous aimer..."

À sa façon, je répète ma phrase une autre fois, comme pour en évaluer le poids :

"Je n'étais pas venu pour vous aimer."

Pedro baisse la tête, me laissant seul... Mes yeux cherchent un refuge... Plissés par la lumière nouvelle, ils se frayent un chemin entre les nuages, à la recherche d'un ciel qui peu à peu se dégage : celui des grands avions d'Europe et d'Amérique.

Janvier 1994

Des collègues de Ciudad Guatemala me disent que le pire est arrivé. Qalinext n'a plus qu'une vingtaine d'habitants. D'ici quelques année, il en restera dix. Le bistrot et les deux églises sont fermés. Signe de l'usure du temps : les maisons sont plus basses que jamais et rien ne permet de penser que la tendance puisse s'inverser.

Sous le contrôle des patrouilles de la milice, le marché de Caraxhu est devenu un enfer : les paysans y sont brutalisés comme à plaisir. Charango a été tué dans une échauffourée alors qu'il était venu vendre des poules.

Tligmas est morte depuis deux ans. Alma ne chante plus. Personne ne sait où est Pedro.

POSTFACE

Tous les Indiens du monde

Moi aussi, je le confesse, j'ai voulu célébrer l'Amérique en 1992, et parler des Indiens à ma façon.

Attiré par cette idée, comme les Moutaléros par la voix d'Alma, j'ai entrepris de les peindre.

Dès janvier, j'ai donc placé sur mon bureau un chevalet. Et puisqu'en général, on demande aux artistes de parler de leurs difficultés, je dois avouer que, d'emblée, j'en ai rencontré deux sur mon chemin.

La première est que je ne savais pas peindre ; la seconde, que je n'avais jamais vu d'Indiens.

Mais était-ce si grave, au fond ? À l'instar des autres sciences, l'ethnologie n'est-elle pas tenue de construire son objet ?

À la façon d'un architecte travaillant sur plan, j'ai donc entrepris de me débarrasser des contraintes liées à ma pratique professionnelle, pour construire une description idéale et sans entraves, où l'imaginaire peut se nourrir librement d'inductions familières.

Qui sont donc ces "Moutaléros" ? Rien d'autre que les sosies des gens de la montagne que j'ai longtemps fréquentés en Afrique, en Sardaigne, dans les Alpes ou les Balkans. Je ne leur ai prêté aucune particularité flagrante. Un peu comme leurs moutons, qui se confondent avec les pierres de leurs lieux de pâture, et que rien ne différencie des autres moutons de la planète (ils sont seulement un peu plus maigres).

Selon une pratique bien connue des enquêtes policières, j'ai dressé un portrait-robot en recomposant la culture et les visages d'êtres familiers. Mais, à l'inverse du portrait-robot, qui cherche à particulariser les individus, je me suis efforcé de les rendre anonymes, communs, et en définitive peu identifiables.

On le sait : les sciences naturelles préfèrent le dessin à la photographie. Paradoxalement, celui-ci est plus précis : il peut souligner un trait, relever un détail, accentuer une caractéristique que le photographe ne parvient pas à saisir. Et surtout, le dessinateur a le privilège de coucher sur le papier ce qui lui plaît ; notamment d'écarter les singularités et les défauts qui le gênent : une aile un peu longue, une nageoire trop épaisse pour l'abeille ou le gardon qui lui sert de modèle. La nature a ses canons que l'objectif ignore et que le dessinateur peut abstraire d'une réalité qu'il a longtemps observée. S'il est des abeilles plus réussies que d'autres, il lui faudra rectifier les imperfections de celle qu'il a sous les yeux :

la beauté du dessin tient autant au maniement du crayon qu'à l'usage de la gomme.

Procédant d'après culture, comme d'autres d'après nature, j'ai donc préféré le dessin à la photographie. L'épure s'est construite par superpositions et collages ; la composition du récit a été plusieurs fois retouchée dans le but d'offrir un maximum d'efficacité et de cohérence.

Dans le fond, on ne peut demander aux Moutaléros d'être réels (ils ne le sont pas) ; ils sont seulement plausibles. Et cela suffit, car ces chroniques concernent moins l'objet que la méthode, et mettent surtout l'accent sur le rôle du regard.

Sans doute, l'art des Moutaléros est-il plus transylvain que tzeltal ou cakchiquel, leur comportement plus berbère que guatémaltèque, leur convivialité plus sarde que méso-américaine, leur danse plus bretonne que maya.... Mais je ne suis pas sûr que cela gêne tant les ethnologues américanistes. Ils devraient trouver là des perspectives propres à stimuler leur œil d'ethnographe ; au terme d'une lecture que j'ai voulue distrayante, ils pourraient, tout au plus, se poser trois questions :

1) Mes Indiens sont-ils des Moutaléros ? (le possessif est encore en usage dans la profession).

2) De quelle façon ne le sont-ils pas ?

3) En quoi ne peuvent-ils pas l'être ?

Or ces questions n'en font qu'une, dès lors qu'elles suggèrent des ouvertures, sollicitent des prises de position et, dans le cadre d'une ethnographie pleinement orthodoxe, contribuent à écarter les fausses particularités.

L'enquête ethnologique

L'ethnologie est toujours à deux voix ; et si celle de l'ethnologue se veut discrète, elle n'est pas muette pour autant.

L'ethnologue des Moutaléros a pris plaisir à se mettre en scène. Moins par narcissisme, à vrai dire, que pour mieux révéler les dessous de sa petite science. Car, trop souvent, l'enquête se complaît dans le secret. Elle préfère les résultats à l'exposé des procédés qui permirent de les obtenir. Démarche bien peu scientifique, lorsqu'on y pense. Imagine-t-on un instant un chimiste interdire l'entrée de son laboratoire et refuser de dire comment il a rempli ses éprouvettes pour arriver à ses fins ?

Or le terrain – cet intime mélange d'idylle et de drame – est au cœur de l'ethnologie. En parler ne consiste pas seulement à évoquer la Land-Rover en panne ou le courrier qui n'arrive pas. C'est rendre compte de l'essentiel : des rapports qui transforment votre présence chez les autres en une expérience intellectuelle unique, garantissant – après l'avoir déterminée – la qualité des résultats obtenus.

Car, à la façon des jeunes parents dont l'éducation des enfants sert à leur propre éducation, les ethnologues se font (et parfois se défont) au contact de ceux qu'ils viennent étudier. Ils grandissent avec leurs informateurs et dans certains cas réussis, permettent à ces derniers de grandir avec eux. N'a-t-on pas remarqué, bien avant moi, qu'au terme de plusieurs décennies de pratique de la Chine ou du Japon, les vieux ethnologues prenaient des yeux bridés et une peau asiatique ?

Mais il y a plus. Ces chroniques musicales ont l'ambition d'être, à leur façon, un précis d'ethnomusicologie. En définitive, j'assumerais volontiers le caractère irrespectueux – voire fantaisiste – de l'entreprise si l'on venait à me le reprocher, mais j'accepterais de moins bonne grâce une critique sur la méthode. L'ethnologie est avant tout un travail d'observation où le regard joue un rôle essentiel. Déchiffrer le sens d'une danse, les lignes de force d'un rituel, découvrir la symbolique de la musique, saisir sur le vif l'émotion qu'elle vous procure, font partie des objectifs majeurs de notre domaine de recherche. Et si, en définitive, il y a peu de chances qu'à travers ce petit livre, on apprenne de nouvelles choses sur les Indiens de la Sierra Madre, on comprendra au moins comment les ethnomusicologues conduisent leurs enquêtes, obtiennent leurs résultats, et vivent leur passion.

Imprimé en France
Imprimerie de l'Indépendant, 53 204 Château-Gontier
Numéro d'édition : 6242
Dépôt légal : deuxième trimestre 1994
HERMANN, ÉDITEURS DES SCIENCES ET DES ARTS